生きるためのデザイン思考

渡辺拓

フォレスト出版

はじめに――先の読めない時代の「超デザイン思考」

「やってみたいことがあるけど、どう進めたらいいかわからない……」
「やりたいこともよくわからないし、これから自分はどうなるんだろう……」
「もう、この先、どうしたらいいかわからない……」

何もかも、〝わからない〟時代になってきました。

生成ＡＩの誕生以降、変化のスピードは留まるところを知らず、なくなっていく職業は今後、日に日に増えていきそうです。

変化の波に飲まれて、思考が止まり、足が止まり「もう何もしなくていいや」と、さじを投げたくなることもあるでしょう。

この本で紹介するのは、そんな先の読めない「**〝わからない〟時代においても、自信をもって一歩踏み出し、新しい価値を生み出していける思考法**」です。

先が読めず、よくわからない時代には必要になってくる——

・本当の問題を見つけ出す洞察力や問題発見力
・自分の本心の〝やりたい〟を見つけ出す質問力や、言語化力
・潜在意識を活用する味わい力や行動力

——といったチカラも、この思考法を実践する過程で自然と身についていきます。

主に活用していくのは、**論理よりも感情、左脳よりも右脳**です。

ＡＩが左脳・論理の役割をやってくれる今、人間らしく生きるために必要なのは、感

情・感覚を大切にすることです。

左脳は顕在意識を、右脳は潜在意識を管理していると言われています。

つまり、右脳と感受性を大事にしていくこの思考法は、潜在意識を活性化させていく思考法でもあります。

また、情報が増えたがために起こってくる――

「うまくはいってるけど、なんだか違う気がする……」

「なんかどれも想像できて、逆にやることないなあ……」

「何かしなきゃいけない気がするけど、何からはじめていいのか……」

――といった、わからない退屈・不安・焦燥感。そういったものも解決していけます。

なぜなら、このような「グルグル思考」になるのは、問題に対して、これまでの経験、

〝過去〟から、左脳・論理的に考えてしまっているからです。
この新しい思考法では、過去の延長線上にない〝未来〟を見すえて、右脳・感受性をフル活用、これまでにない発想で解決していきます。

いわば、**凡人の日常にイノベーションを起こす方法論**です。
「自分にも、こんなことができたんだ！」と、変化に溢《あふ》れて、驚きを感じる、なんだか面白い日々を送れるようになります。

もし、そんな毎日になったら、楽しそうじゃないですか？

そんな前置きのもと、この本で学ぶことをまとめると、次ページのような図になります。
一見してちょっとよくわからないかもしれません。編集者さんにも、「わかりにくい」と言われましたが、本書の内容は、すべてこの図に集約されます。適宜この図を思い出し

図1 “わかる”枠の中から、
“わからない”外へと飛び出す

ていただくと、理解のサポートになるはずです。

こんな感じで、「わかる、しかし、つまらない」日常から、**「わからない、だけど、面白い」非日常**へと飛び出していきます。

それも、左脳の論理はそこそこに、**右脳のイメージや感情、時には カラダの〝身体感覚〟**も使いながら。

それが、この本で学ぶ**「超デザイン思考」**です。

「ちょっと面白そうかも？」と思っていただけたなら、ぜひこの先もお読みください。

目次

第1章

凡人の日常にイノベーションを起こす「超デザイン思考」

第2章

ステップ1

アイデアを育てる

第3章

ステップ2

実験してみる

第4章

ステップ3

ふり返る

第5章

日常生活における超デザイン思考の活用事例

ブックデザイン　小口翔平＋後藤司＋稲吉宏紀（tobufune）
イラスト　髙柳浩太郎
DTP　キャップス
校正　広瀬泉

第1章

凡人の日常にイノベーションを起こす「超デザイン思考」

これまでの問題解決法との違い

さて、この「超デザイン思考」の元となっているのは、「デザイン思考」という、ビジネス問題解決の思考法です。

この〝デザイン思考〟というものは、元はデザイナーさんなど、〝新しい物を生み出す〟ことを仕事にしている方の「頭の中を言語化・メソッド化する」ことによって生まれました。

Appleが iPhoneの開発に使ったことから知られ、日本では2015年頃に広まりました。以後、海外のスタートアップなどでは必須のスキルと言われているものです。

このデザイン思考が、従来の問題解決の手法と違うところを、３つ挙げます。

1.「枠の中」よりも「枠の外」

従来型の問題解決は、今ある状況を把握し、整理して、問題点はここだ、と煮詰めていくようなものでした。

いわば、見えているもの、考えていることから集結し、解決策をあぶりだすようなもの。

ところが、デザイン思考では、その思考の枠を超えていきます。

・自分で考えるだけでなく、お客様へインタビューしてみる。
・お客様が口にしたことだけでなく、その奥にある深いニーズを洞察する。
・皆が求めるものではなく、たった一人の深いニーズに踏み込んでみる。

このように、その実践方法はさまざまですが、共通するのは、**表面的に見えている枠の中で考えるのではなく、自分にはまだ見えていない、新しい発想を求め、〝思考の枠の外を探っていく〟という姿勢**です。

2.「失敗しない計画を守る」よりも「失敗して学んで軌道修正」

かつてのモノが少ない時代では、実行のためのコスト（お金・時間・労力）が大きく、失敗のリスクが大きすぎたため、あらかじめ「失敗しないように計画する」そして、その「計画を守る」ことが重要視されてきました。

しかし現代では、さまざまな望みを叶えるアプリやサービスが多数生まれ、また生成AIも登場してきました。

それゆえ実行のためのコストは低く、「**時間をかけるくらいならまずやってみよう**」というスタンスになりました。

次々と新しい物が生まれている今、実行に時間をかけていたら、それだけで〝時代遅れ〟のレベルになってしまうかもしれないからです。

　また、周囲の変化も激しいため、計画を守ることよりも、どんどん軌道修正をかけていきながら、新しい解決法を探すという方法が大切になってきています。

「早く失敗して多く学べ」という意味の言葉があるくらい。**「試行＝思考」のサイクルを多く回すこと**が、デザイン思考では重要です。

3．「左脳・論理よりも右脳・感受性」

　デザイン思考のベースは「共感の技術」ともいわれているくらい、心の感覚に注目する必要があります。たとえば、お客様はどのような気持ちなのか、行動を追体験して想像してみたり。

　その際、**自分のこれまでの思考パターンや先入観で判断すると、本当に必要なアイデアを見落とすことがあります。**

したがって、自分の思考だけで考えるのではなく、あらゆる感覚を駆使してアイデアを出していきます。

その際に、これまでの論理パターンから離れて、**五感を用いた右脳でのひらめき**が必要になってきます。

重要な話を聞くときのことを「毛穴で聞け！」「肌で感じろ！」なんて言う人がいますが、まさにそのような感じです。情報が多く、いわば〝左脳偏重〟の現代に、新たに右脳のチカラも求められるのが、この思考法なのです。

総じて、デザイン思考の実践には――

- **過去や前例にとらわれない柔軟な発想**
- **どんどん試していく軽やかな行動力と前向きなマインド**
- **いろんな人のものの見方を行き来するような自由な視点**

――が求められます。

むしろ、この思考を実践していくことによって、こういった姿勢が自然と身についてくる。**具体的な手段うんぬんを覚えるよりも、マインドセットとして身につけることが大事、**ということです。

自分の枠を超えていくこの思考法。「今の状況から抜け出したい！」という方は、ぜひとも身につけてみてください。

本書で解説する「超デザイン思考」とは？

デザイン思考について、今までは、次のような勘違いがありました。

「デザイン思考は、主に新規企画・商品開発の人たちが活用するもの」

こう聞くと、「自分には関係ない」「ハードルが高そう」と思った方もいるはずです。

しかし、本来のデザイン思考の本質は、誰でも、日常で活かせるものです。

むしろ、日常から意識して使うことで、関連スキルが育っていきます。

「これが伝わらないのはもったいない！」と思い、僕の講座では「**誰でも、一人からでも、いつもの日常で使える**」ように、エッセンスを抽出して、ある種〝**超訳・超解釈**〟してお伝えするようにしました。

それが本書でご紹介する**「超デザイン思考」**です。

ここまでの説明だけでも、元のデザイン思考を知っている人は「知っていたのと違うな？」と思われたかもしれません。

専門家の方には怒られるかもしれませんが、デザイン思考を超訳することで、いい波及効果もありました。

エッセンスは残したまま、使うシーンを拡張していくと、脳科学や認知科学、行動科学、キャリア理論などとのつながりも見つかり「あらゆるものをデザインできる思考法なんだ」とわかってきました。

例えば僕の人生でも「本当に使えるのかな?」と、自分を使った「人体実験」をしてきたところ、元々は夢もやりたいこともない、周りとの比較に悩む人生でしたが、次のようなミラクルが起こりました。

① 複業・独立、そして結婚、さらには沖縄移住を実現できた
② ユニークなキャリアに興味を持たれて、講演依頼をいただけるようになった
③ 書籍の出版（本書）をすることもできた

つまり僕にとっては、この本を出版できていることこそが「超デザイン思考」の効果の証明でもあります。

企画・新商品などの開発だけでなく、仕事・人生・キャリア・家庭・生き方といった、日常のあらゆるシーンで使えるこの「超デザイン思考」。

〝わからない〟時代においても、自信を持って一歩踏み出し、新しい価値を生み出していける思考法です。

ぜひ一緒に、枠の外へと飛び出していきましょう！

「超デザイン思考」3つのステップ

ではさっそく、この思考法の取り組み方をお伝えしていきます。
「超デザイン思考」は、次の3つのステップで実践していきます。

①アイデア：五感を使って、自分の枠を超えた理想を見つける
②実験：最短・最速でアイデアを検証する
③ふり返り：結果から学び、次のアイデアを生み出す

そして、このサイクルをくり返していくのが、この思考法の流れです。

（アイデア→実験→ふり返り）→（アイデア→実験→ふり返り）→……

という感じ。

じっくり考え、原因を探り、方針を決めて、失敗しないようにして、いよいよOKとなったら、いよいよやってみよう……というのは、従来の問題解決の考え方。それとは違った〝軽やかさ〟を感じてみてください。

ちなみに、いわゆる〝本流〟のデザイン思考とはステップが違うのですが、日常で使いやすく、行動に移しやすくするために、新しくまとめ直しています。

「これは、本物のデザイン思考じゃない！」という方も、「デザイン思考という枠を広げている」と思って、ちょっと違う考え方に触れてみていただけると嬉しいです。

この3つのステップを、もう少し詳しく見ていきましょう。

図2　「超デザイン思考」3つのステップ

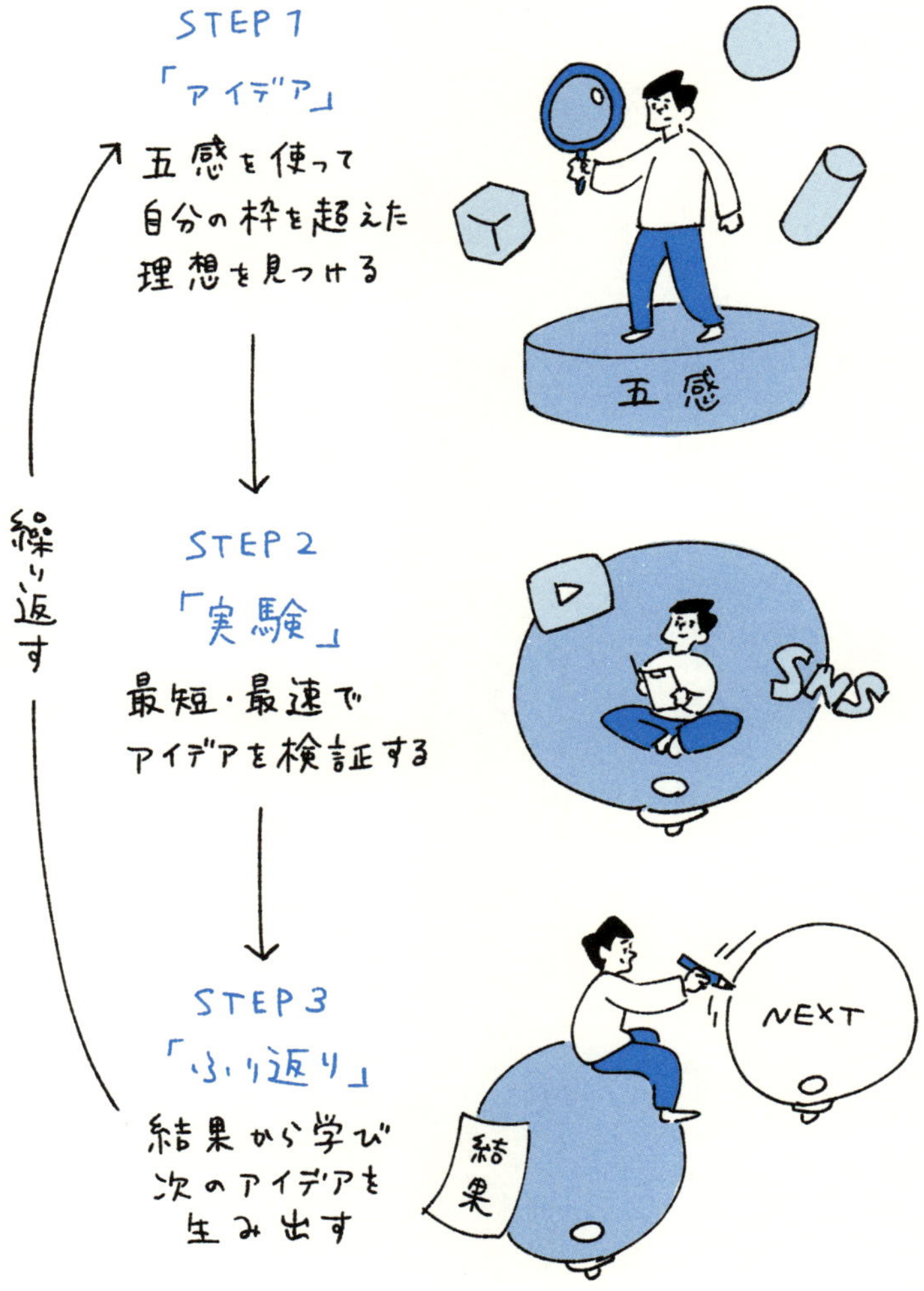
STEP 1
「アイデア」
五感を使って
自分の枠を超えた
理想を見つける
五感
STEP 2
「実験」
最短・最速で
アイデアを検証する
SNS
STEP 3
「ふり返り」
結果から学び
次のアイデアを
生み出す
NEXT
結果
繰り返す

ステップ
1
アイデア

五感を使って、自分の枠を超えた理想を見つける

まずは、「**アイデア**」というステップです。今の状況から前に進むための「理想を生み出す」のがここでの目的です。

最初に定義しておきたいのですが、この本において**「理想」とは、「心が動く『これいいかも』」のこと**とします。

たとえばよくある「夢」や「目標」という言葉の裏には、こういう感情が隠れていたりします。

・「私の夢は○○です！（**いや、ムリかも**）」↑実は自信なし

・「チームで営業成績2倍だ！（**まあ、自分には関係ないか**）」↑他人事《ひとごと》
・「ベンツに乗るぞ！（**周りの人にすごいと思われたい**）」↑他人の夢

実は、こういったものは達成されません。**感情、ひいては潜在意識の影響が、想像以上に大きいから**です。

心（感情）・体（行動）に、潜在意識は現れます。

人の意識において、顕在意識は5％。潜在意識は95％。

影響力の差は圧倒的です。

頭でどんなに「やらなきゃ」と思っていても、潜在意識で「やりたくない」と思っていたら、感情や行動がそれを拒んでしまうのです。

〝とりあえず掲げているもの〟ではなく、**心が動いて「これいいかも！」「やってみたい！」そう思えるもののことを、この本では「理想」と呼んでいきます。**

この理想をとらえるためにも、自分の中の**小さな違和感**を見逃さないようにします。

「どうしたいか」がはっきりする魔法の質問

その昔、サイボウズという会社にいたとき、「なんだかよくわからない」という思考の袋小路によくハマっていました。

というのも、当時の僕はいわゆる「ロジカル・シンキング」とか、「問題解決」とかそういうものはめっぽう弱く、超〝感覚型〟の人間だったからです。

なので「なんか違う」「もやもやする」みたいなことにしょっちゅうぶち当たっていました。

しかし、そんな状態で先輩に相談に行ったりすると、いつも「**たった一言**」でハッ！とさせられました。

先輩「ふむふむ……で、**理想は？**」

ぼく「え？　理想ですか？　えーっと、あのぉ……。ハッ!!！」

そうなんです。もやもや・グルグル悩んでいるときは、

「どうなったら嬉しいのか？」

という〝理想〟をまったく考えてないことがとても多かったのです。


以降、何度も、この質問に助けられました。

「理想は？」と、問うことで、グルグル思考から一つ抜け出して、次に向かう道を定めることができます。

サイボウズという組織では、これが「問題解決メソッド」として言語化されていました。議論が紛糾すると、誰かが「理想は？」と声をかけてくれて、議論が前に進んでいくシーンを何度も目にしました。

同社は「働き方改革」などの文脈では、日本の最先端を走っている企業の1つであり、その原動力に、この質問があったのです。

ちなみに、新たな事業を次々と生み出している企業「リクルート」でも同じような質問があるそうで、それが**「お前はどうしたいの？」**というもの。

これも、要は**物事に対する「自分の目指す方向」を問うている**ということなので、「自分の心を動かす理想」の大切さが伺えます。

この「理想は？」という質問、何か行き詰まりを感じたときには、ぜひご自身に問いかけてみてください。

ステップ
2
実験

最短・最速でアイデアを検証する

2つ目のステップは「**実験**」。小さな理想のタネができたら、それをさっそく形にしていきます。

「**試行＝思考**」とも呼べるような感じで、この「**まずやってみる**」「**やることで思考を深める」姿勢がとても重要**です。

具体的には、**実際に理想の状態を疑似体験してみたり、試作品を作ってみたり**などしていきます。

そうやって少しでも、理想に向けて〝転がしてみる〟ことで、行動しながら体感を得ていきます。

アイデアが浮かんだら、消えてしまう前に実現してみる。

思考が「でもなあ」と言う前に、小さな心の動きをとらえ、小さな行動に移してみます。


ポイントは、**「最短・最速でアイデアを味わう」**ことです。

理想を味わうことで、潜在意識の活用も進み、実現のスピードが上がります。

どんなに遠い理想でも、それを思い浮かべていくことや、知っている人の発信を見るなど、その場でできる行動が必ずあります。


現代は、ＳＮＳやYouTubeなどもあり、情報にすぐたどり着ける時代です。

生成ＡＩも使えば、理想の状態をすぐに画像化・映像化することもできます。

「高級マンションに住んだらこんな感じなんだなあ」とか「海外でお店を開いたらこうなるんだなあ」とか、これまでだったら想像すらつかなかったようなものも、すぐに形にしてみて、味わうことができます。

形にすると、アイデアが育ちはじめます。あなたの理想が実現するのも、そう遠くない未来かもしれません。

軽やかに行動できる人は
「自分の理想を確かめたい」だけだった

ところで、そもそも「行動する」って、抽象的で「**行動するとは言いつつ、何をするの？**」って思ったことはありませんか？

「なぜ、あの人はあんなに行動できるんだろう……」
「どうして、自分は行動できないんだろう……」

僕もよく、そう感じていました。

しかし、この「超デザイン思考」を通してわかってきたことは「**行動力のある人は、自分の理想を確かめたいだけ**」だった、ということです。

「これ、いいんじゃない?」とか「こういうこと、やってみたい!」と思ったときに、もう、ウズウズ……ワクワク……して、**確かめずにはいられない「だけ」**なんです。

子どもがいい例です。

どれだけ「やめなさい!」と言っても、一度「やってみたい!」と思ったらもう、どんなに止められてもやってしまいますよね。

大人はルール・規制・規律に合わせることに〝慣れすぎて〟しまっているので、〝心を大事にする〟ということを忘れてしまっています。

誰かに言われた〝他人の声〟を重要視して、「こうしなきゃ」「ああしなきゃ」とか言いながら、できない自分を責めてしまう。

つまり、**外から与えられた情報で、自分を攻撃してしまっている**……。

これは、なんだかヘンな話だと思いませんか?

自分の心の声を、もっと確かめていきましょう。

子ども心を思い出し、〝好奇心〟がエンジンの中心になれば、誰しも行動が止まらなくなります。

だから、「行動しなきゃ」とかなんとか、あれこれ考える必要もありません。

「行動しようとする」のではなく、「行動が起こる」ように理想をデザインする。

まずは自分の心に聞いて、試したくて仕方のない理想を生み出す、という方向に思考を持っていってみてください。

ステップ
3
ふり返り

結果から学び、次のアイデアを生み出す

最後のステップは「**ふり返り**」。やってみた「実験」をふり返ります。だいたい最初は「とりあえずやってみた」だけなので、思った理想にはほど遠いかもしれません。

やってみた〝実験〟の結果を元にふり返ることで、**「これは違うな」「もっとこうしたい」「次はあれをやろう」など、心が動く次の理想が生まれ、アイデアのタネが育っていきます。**

ここで「やっぱりダメか」「また自分は……」などとしていては、ただただ変化の芽を

摘んでしまいます。

そうではなく**「前向きにふり返る」**ことで、小さなアイデアを育てていきましょう。

自分の今の状態がわかったり、本当の理想に気づけたり。

このふり返りがうまくなってくると、「よく行動できた」と自分に自信もついてきます。

「次はこうしてみよう」のアイデアも湧くので、さらに次の行動が生まれる。

そうすると、潜在意識にスイッチが入り、どんどん加速しながら理想を実現できていくのです。

変わっていく人は、小さな「かも」を守り抜く

実験のもとになる「『いいかも』のタネ」は、誰しも必ず持っているものです。

「あ、これいいな」「こうしてみようかな」「自分もやってみたい」

しかし、往々にして、「変わらない」と悩む人は、このタネを潰《つぶ》してしまいます。

（アイデア）「あ、こうしようかな」

←

（実験……未遂）「でも……どうせお金にならないしなあ」

←

（ふり返り）「やっぱり自分はダメなんだ……」

こんなふうに、アイデアを潰すだけならまだしも、「自分にはできない」「自分はダメだ」と、追いうちで〝呪い〟を自分にかけて、どんどん底へとヘコんでいきます。

この **〝トドメの一撃〟が余計**なんですね（往々にしてやってしまいがちです）。

「自分は変われない」と感じる人は、この後ろ向きな〝トドメのふり返り〟を、気づかぬうちにやってしまって、それがクセになってしまっています。

一方、次々と軽やかに変わっていく人の、一番小さな一歩を見てみると……。

（アイデア）「あ、これいいかも！」

↓

（実験）「まず、やってみよう！」

↓

（ふり返り）「楽しい！　次は、こうしようかな⁉」

前向きな感じがしますよね。

気分の向上、学びの獲得、さらにはできたことへの「感謝」なども追加したり。

こうやって、次々と、この「超デザイン思考の3ステップ」をグルグル回し、軽やかに変化のスパイラルを登っていきます。

次々と変わっていく人は、この「いいかも」、小さな〝「かも」の赤ちゃん〟を守り抜き

ます。

そして、自分の中でも確信が持てるまで、しっかりと育てていきます。

小さな〝「かも」の赤ちゃん〟が育つことで、「こうしてみたら、よくなるかも？」「次は、あっちもイイかも？」と、好奇心がどんどん育ち、自然な行動へとつながっていくのです。

小さな行動サイクルを何度も回して、新しい理想を実現しよう

アイデア↓実験↓ふり返り。

ここまでが1セットです。

このサイクルをどんどん回していきながら、理想へと近づいていきます。

締め切り当日に「できました！」と大作を放り込むような感じではなく、何度も〝たたき台〟を作りながら、意見を出し合ってブラッシュアップしていくイメージです。

他にも、プログラミングの分野では、きっちり計画し、失敗を減らす「ウォーターフォール開発」から、何度も試作し、くり返す「アジャイル開発」が今の主流です。

生成ＡＩがすぐに作品を返してくれる今の時代、**「考え込む」よりも「まずやってみる」ことが非常に重要。その世界観とマッチするのが「超デザイン思考」です。**

このサイクルでの思考に慣れてくると、「やってみたいかも」「こっちのほうがいいかも」という気づきが生まれたときに、取る行動が変わっていきます。

これまでは、行動できずに自分を責め、もっと動けなくなっていた方も、「まずやってみる」が当たり前になり、前に進めたいい気分のまま、楽しみながら、次の理想を生み出せるようになってきます。

思考の悪循環から、心の好循環へ。思考で考えて、動けなかった自分から、心で感じ、体を動かし、軽やかに理想を実現し続ける自分になっていきましょう。

次の章からは、それぞれのステップを、具体的に実践していきます。

第2章

ステップ1

アイデアを育てる

なぜ、「アイデア」から始めるのか？

さて、まずはステップ1「アイデア」からはじめていきます。

このステップのゴールは「**自分の枠を超えた理想を見つける**」ことです。

その際には、必然的に**自分の枠の外、「わからない」領域に飛び出す**ことになります。

なぜなら、あなたがもし、仕事や生活において、「毎日が変わらない……」「壁を超えたい……」「何かを変えたい……」と感じているのならば、あなたは今、〝自分の枠〟の中にいるからです。

「楽読」という読書術の創業者である平井ナナエさんは、講演の中で「新しく事業を始めようとしたときに『そんなのできるのか？』と言われた。だけど、知ってたら、やってるっちゅうねん！」とおっしゃっていましたが、まさにその通り。

解決策を知っていたなら、とうの昔に変わっているんです。

変わってないなら、「知らない・わからない」へと飛び出す必要があります。

ちなみに「『わからない』へ飛び出す」というのをもう少し具体的に言うと、**これまでの価値観とは「逆」だったり「ありえない」といった、思考では気づかなかったことをやってみる、試してみる、**ということです。

なぜなら、「わかる」は、自分の枠の中、「わからない」は、自分の枠の外だからです。


半分は怖いけど、もう半分は面白そう、少しドキドキ、ワクワクしている。

そんな心の状態になるために「アイデア」が必要なのです。

そして、その「アイデア」を見つけるためにも、「**自分の枠の外を探す**」ということを覚えておいてください。

なぜ、理想が実現しないのか
――やりがちな失敗3選

ここからは、具体的なアイデアの見つけ方、理想の立て方をみていきます。

「現状が変わらない」「どうすればいいかわからない」

こう思っている場合は、だいたい「理想の立て方」を失敗しています。
なぜなら、「心が動く理想」があれば、それに向かって行動できているはずだからです。
大別して3つのケースを、ここでは紹介いたします。

ケース
1
理想が高すぎて自信喪失

理想が実現しないケース1は、「**立てた理想が高すぎる**」です。

高く・遠く・難しそうな理想を立てたがあまり、「どう一歩を踏み出していいかすらわからない」「達成できる自信がない」状態になって、何も行動に移せないような状況です。


これは、夢や目的、やりたいことを見つけたいと思う人の多くが陥りがちなものです。

「大きな夢を持とう！」「人生の目的を見つけよう！」

こう言われるがあまり、それが「大きなものでなきゃいけない」なんて気がしていたりしませんか？

「期日を決めて、計測できるように」と言われて、「1ヶ月で稼ぎを2倍にする」などと、具体化すればするほどプレッシャーが大きくなったり……。

それっぽく立ててみたが最後、「これはできなさそうだ……」と、勝手に落ち込んでいってしまう。

夢ややりたいことって、幸せになるために持つものですよね？

それが「見つからない」と苦しんだり、見つかったとしても「できない」と悩んでみたり。

これでは、ホントに本末転倒です。

あとは、ワークショップなどで――

「あなたの仕事のパーパス（目的）を決めましょう」

「10年後・5年後の目標を立ててみましょう」

「そこから逆算して、やることを決めていきましょう」

――なんて言われますが、そもそも変化の早い今の時代において**「10年後」と言われてもピンとこない**ことが多いのではないでしょうか。

そんなピントの合ってない理想から、さらに「逆算せよ」と言われたところで、今やることもまたよくわからない。

「そもそもこの仕事してるかもわからないしなあ」「なんか違う気がするなあ」とか思いながら、パーパスだかパンパースだかよくわからないものを追いかけさせられる。

そんな状況で行動しても、どこへ向かっているかわかりません。何をやっても、結果「なんか違う」状況になるだけです。

あくまでも**「自分の心が動く」ことが理想の条件**です。

思ったよりも低く・近くて「できそうだ！」と思えるもの。

もしくはたとえ高かったとしても「達成できたら面白そう！」とワクワクするものです。

あなたももし、掲げている理想があるのなら、**本当に「できそう！」「やりたい！」と思っているのか？**　心に問いかけてみてください。

ケース2
「他人の理想」を追いかけている

そして2つ目のケースは「**他人の理想を追いかけている**」という状況です。

「ベンツに乗って、ロレックスを身につけ、タワマンに住み……」
「悠々自適に海外移住、のんびりしているのはなぜか南の島……」
こんな理想を立てていたなら、「ホントかな?」と疑ってみてください。

「これは、本当に心から望んでいる理想なのか?」

結果そうなることはあるかもしれませんが、よくある「理想の状態」として描いているものが、あなたの本当の理想だとは限りません。

ちなみに、**「なぜ、本当の理想ではないのに、憧れてしまうのか？」**というと、**自分の心を無視しているからです。**

今、自分の心の状態が良くないまま、さらに自分の内側を見ずに、外側ばかりを見てしまう。

そうすると、見るものすべてが「いいなあ」「羨《うらや》ましいなあ」とキラキラ輝いて見えて、終わりのない比較が始まってしまいます。

さらに、この**「他人の理想」が、自分の感情とも「少し似ている」**ということも間違う理由の1つです。

確かに「南の島、いいなあ」とは思っている。ですが外側を見る前に、自分の心の内に問いかけてみると、本当の理想は「海外移住で南の島に行きたい」ではなく、ただ「のんびりしたい」だけだったりする。

僕も、サイボウズ時代、周りの様子を見て「副業で稼ぎたい！」ともがいていましたが、いざやってみると、ただ「行動している感がほしい」だけでした。

この「自分の理想」に気づくと、ムダに周りと比較して落ち込むこともなくなります。
自分の理想に皮をかぶせたものが、よくある「他人の理想」だったりするので、ここは**「本当に自分がやりたいことは？」と、丁寧に心に問いかけていく必要があります。**

ケース3 そもそも理想がない

そして3つ目は「**そもそも理想がない**」という状態です。
これは僕のコーチングの場の会話を再現するとわかりやすいでしょう。

相手「今、職場がこんな感じで困っていまして……」
僕「なるほど、で、理想は何ですか？」
相手「上司が問題で、メンバーに対してこんなことを言うんですが……」
僕「はい。それでは、どうなったら嬉しいですか？」
相手「それが、私がどんなに言っても、全然聞いてくれないんですよ！」

僕「……で、理想は何ですか？」

このような感じです。

こんなふうに、「現状の困りごと」にとらわれて、「どうなったら嬉しいか」ということは考えていなかったりします。

「問題解決なんだから、現状を見つめるのが大事なのでは？」と思われる方もいるかもしれませんが、**「問題発見と、理想設定はほぼ同義」**です。

なぜなら、**問題とは「理想と現状のギャップ」**のことだからです。

現状を見つめるのはもちろん、**「どうなっていきたいか？」**を設定しないと、そこに近づくための一歩を踏み出すことはできないのです。

会話を再現するとわかりやすく思えますが、これは外から見ているからです。

僕らは、**思った以上に「理想は何か？」と考えることができません。**

なぜなら、普段の思考が「習慣」になっていて、**無意識のうちに、自分の枠の中で思考をぐるぐる始めてしまうから**です。

これは、僕もそうです。

だから、第3章でお伝えする「ACT《アクト》一枚」などを書いたりして、「理想は？」と問いかける回数を、意図的に少しでも増やしています。


相手がいるような仕事であれば、「この人を笑顔にしたい」といった理想だけでも立てば、アイデアも浮かんできやすくなります。

まずは「気づく」ことが大事で、そのためにはたとえば、

「机に座ったら『理想は？』と問う」

「手に★マークをつけて、それを見たら『理想は？』と問う」

など、自分で〝キッカケ〟を作っておくのもアリです。

この「理想は？」という質問は、答えのある学校教育や、考えなくていい社会ではあまりしてこなかった質問なので、はじめは難しいと感じる方もいらっしゃるかと思います。

まずは、「理想は？」と問いかける〝回数が増えていく〟ように、日常をデザインしてみてください。

図3　理想が実現しない3つの原因

自分の思考の枠に気づく3つの口グセ

自分の「思考の枠」の話をしました。

ここから離れて、外を探索することで、理想、つまり、心が動く「これいいかも」は見つかるのですが、そもそも

「自分の枠はどこにあるんだろう？」

ということをわかっていないと、飛び出そうにもよくわかりませんよね。

自分の枠の外を探すためには、同時に自分のことをよく知ることも必要です。

そこでまず、**自分の思考の枠に気づける「口グセ」**を紹介します。

あなたの口からこれらの言葉が出たら、

「危ない！　今、自分の枠で考えてた！」

と思ってください。

そして、その〝外〟に思いを馳《は》せる。こうすると、自分の枠を超えた理想を見つけ出せるようになります。

ログセ1「どうしようかな……」

1つ目の口グセは、「**どうしようかな……**」です。

日常で出てくるシーンとしては、こんなイメージです。

「自分の部署には〇〇の問題がある。**どうしようかな……**」

「チームの雰囲気がよくない感じがする。**どうしようかな……**」

「新しい企画のアイデアが出ない。**どうしようかな……**」

ある問題について**「どうしようかな」**と考えるのは、すでに「思考の枠内で考えている」ということになります。

というのも、「どうしようかな……」と思った瞬間、人は自分がすでに持っているスキルや思考でもって考え始めるからです。

もし、それで解決できるのならばＯＫ。

答えが出そうにないのならば、

「あ！　これは自分の枠で考えていた。〝外〟に飛び出して考えてみよう！」

と、「思考の枠」に気づいてみてください。

「思考の枠」に気づいて次にするべきことは、「外」に答えを求めてみることです。

- **自分だけで考えず、人に聞いてみる。**
- **他部署ではどうしているのか、調べてみる。**
- **違う業種にヒントがないか、探ってみる。**

これまでとは〝違う〟ことをしてみてください。

「今、自分の枠で考えていた」ということがわかると、外に飛び出しやすくもなります。

思考の枠に気づいたときには、とりあえず「外！」と、覚えておいてください。

口グセ 2
「それはちょっと」

そして、外に答えを求めるとき、口にしがちな口グセがあります。

Aさん「私はこう思うんですが……」

あなた「いや、**それはちょっと**、何か他の方法はないですか……？」

周りの人の意見に対して、「**それはちょっと**」と、ケチをつけたくなったら、そこにはあなたの思考の枠があります。

なぜなら、批判は、自分の枠から外れた「受け入れがたい」ことに対してするものだからです。

「経験上、そんなことはしないでしょ」「常識的に、考えられないでしょ」「前例にはないよね？」「普通はありえなくない？」

こう言いたくなることは、もちろんあるとは思いますが、そこが、自分の枠の境目です。自分の枠の外に出るには、完全に否定しきらずに、**まずはいったん「そうなんだね」と意見を受け止めてみましょう。**

可能性を消さず「そういうのもあるのかも」と、そこから発想を広げることで、新たな理想や「これいいかも」が、見つかるかもしれません。

ちなみに、だから、硬直化した組織やチームにおいて〝新人〟は尊いのです。

新人の新しい視点こそが、チームの常識を変えてくれる。

「新人はわかってないからダメ」ではなく「**わかっていない新人こそ最強**」なんです。

その意識がなく、新人の「これ、ヘンじゃないですか？」という素朴なつっこみに対して、ベテランが「いや！　ウチはこれでいいんだよ！」と言ったが最後。組織やチームの変化の芽を、自ら摘んでしまうかもしれません。

サイボウズでは、新人の一声で、変わってきたものがありました。
「これ、サイボウズっぽくないですね？」↓入社式の服装が自由に
「これ、やってて意味あるんですか？」↓新人研修の内容が変わる
「副社長、ＳＮＳヘタですね？」↓新人さんが副社長のＸにアドバイス

ちなみに、**受け止めたとしても、〝受け入れなくて大丈夫〟**です。

「言いたいことはわかった」「あなたはそうなんだね」と、まずは理解を示すだけでＯＫです。

そのうえで「これは自分の枠の外の意見だ」と認識することで、あなたの枠を広げるチ

ャンスになるかもしれない、ということを心に留めておいてください。

口グセ 3 「でも」「だって」「どうせ」

そうして人から良い意見をもらったときに、さらに出てきがちなのが、次の口グセです。

「でも」「だって」「どうせ」

始まりの音をとって「**3D《スリーディー》言語**」と呼んでいます。
これらは特に、新しいアイデアが生まれたときに出てきやすいのです。

「**でも**、やってもお金になるわけじゃないし……」
「**だって**、仲間もいないから……」
「**どうせ**、自分には無理な話じゃないかなあ……」

このように、自分が「いいかも！」と思ったタネを潰《つぶ》してしまう。

この言葉が出てくるのも、自分の枠の内側にいるからです。

脳には「恒常性維持」という機能があって、要は基本的には「**変わりたくない**」のです。

変わりたくないし、新しいことをして失敗したり、ケガしたりしたくないので、アラームを出す。

それが、この「3D言語」。**「やめとけ！」と自分を止める「NO！（脳）の法則」**です。

ちなみに、よくある言い訳としては、

お金にならない／意味がない／自分はできない／お金がない／仲間がいない／人脈がない／もう若くない／それは苦手／今は忙しい

などがあり、他にも脳はいろんな言い訳を巧妙に作ってきます。

これには1つ対処法があります。それは「**逆だったらどうする？**」というもの。

でも、お金にならないから→**お金になるなら、やりたい？**
だって、仲間がいないから→**仲間がいたら、やってる？**
どうせ、自分には無理だから→**才能あるよって言われたら、やる？**

これでちょっとでも心が動くなら、それを完全に消し去るのはやめましょう。
その「心の動き」をこそ、大事にしてください。
次の〝実験〟のステップに回して、育てていこうじゃありませんか。

そして、不思議なことに、**自分が本心では向かいたい方向ほど、何度も「3D言語」が出てきがち**です。

「何度も出てきている」ということは、「何度もそのことを考えている」ことでもありますよね。

特に「変われない」と悩んでいるようなときは、「脳に引き留められるのは、それだけやりたいからだ」くらいに思っておいてもいいかもしれません。

理想の立て方3パターン

自分の思考の枠に気づいて次にするべきことは、「自分の理想は何か？」をみつける作業です。

ここでは、日常で使いやすい理想の立て方を3つ紹介します。

「どうなっていたい？」と質問する

1つ目は、「**どうなっていたい？**」と質問する方法です。

「仕事終わり、どんな気持ちでいたい？」

「今日の終わり、寝る前、どんな気持ちだったら嬉しい？」

と、**ちょっと先の未来に、自分の心の状態が、どんなふうだったら嬉しいのか**、と問いかけてみます。

「仕事が全部終わり、やりきって最高の気分だ」

「家族とも仲良くできて、幸せな1日だったなあ……」

など、この問いかけをするだけで、「理想の状態」を設定できます。

「この会議が終わったとき、どうなっていたら最高か？」
「この商談の終わりには、どうなっていたらOKか？」

と、ビジネスシーンでも使いやすい質問です。

「この商品を使った人が、こうなってくれたら嬉しいなあ」

「この作業に関わる人が、笑顔になったら嬉しいなあ」

と、**他人の幸せを想像すれば、仕事の質も変わってきます。**

当たり前のように聞こえるかもしれませんが、忙しい中だと、意外とこれを考えずに「とりあえずその場に臨む」ということが少なくないのです。

夢ややりたいことが見つからないときでさえ、1日の終わりに「今日も最高の1日だったなあ！」と思えたらそれは素晴らしいと思いませんか？

ならば、それを想像し、その感情を味わってみる。

何かが始まる前に、一呼吸、終わりのことを思い描く。

ビジネス名著『7つの習慣』でも、第2の習慣に「**終わりを思い描くことからはじめる**」と書いてあります。

「この仕事をすることで、どうなったら嬉しいか？」

「ご飯を食べたあと、どんな気分だったら嬉しいか？」
「お風呂に入って、どんな気持ちだったら嬉しいか？」

これは文字通り「習慣」ですので、このように日常から、どんな状況でも細かく〝少し先〟の理想を立てるクセをつけてみてください。

日常は「今、どうしたい？」のくり返し

実はほとんど1つ目の方法でOKなのですが、実際にやってみると、「理想がなかなか浮かびません！」ということはよくあります。

1日の終わりとか、半日後とか、〝ちょっと先〟の未来ですら、なかなか難しい。仕事などで、そこに人が絡むとさらに複雑になる。

「10年後」とかまで考えるのはまた難しい……と感じる人もいるかもしれません。

これは、**「心を感じる」クセがついていないから**です。

だからこそ、日常で慣らしていきましょう。

それが2つ目の理想の立て方。
事あるごとに「**今、どうしたい？**」と問いかけてみてください。

つまり、〝ちょっと先〟の未来が難しいなら、「今」やりたいことはないかと、心に聞いてみる。

思考で考えるのではなく、「心の動きを味わう」ことがポイントです。

いつもは惰性でやっていたことも、「今、どうしたい？」と自分に聞いてみると、「ちょっと今日は工夫してみようかな」「いつもと違う道を行ってみようかな」といった「心の動き」を感じ取れることがあります。

また、ビジネスシーンでは、たとえば「うわ、この仕事、面倒くさそうだなあ」と感じても、心に聞いてみると「よし、やるか」とスンナリ動けたりすることもあります。

これは、脳が思考で「やると大変になるかもよ」と自分にストップをかけているから起こることです。

思考は「やめさせよう」とするけれど、心は、実は、進みたい。

「今、どうしたい？」と心に問いながら、思いつく順に仕事をこなしていくと、潜在意識の勢いを借りながら進めることができ、効率も良くなってきたりします。

〝習慣〟に対しても、ぜひこの質問をしてみてください。

これまでは、「何も考えなくてもできるよう習慣化する」ことが重要とされてきましたが、これは「思考・顕在意識」的な習慣術。

これを「心体・潜在意識」的に考えるのならば、**「常に『今、どうしたい？』と心に問うこと」を習慣にして、心のおもむくままに行動すること**こそが、心の時代の新習慣になるのです。

「心に問う」と書いていて、ちょっとどういうことか？　と思うかもしれませんが、まずは、**胸に手を当てて「今、どうしたい？」と問う**だけでＯＫです。

最初はわからないかもしれませんが、次第に「心に問う」ということがわかってきます。

すると、潜在意識の動きも感じ取れるようになるので、理想の設定もうまくなってきます。

「理想が浮かばない」なら、浮かぶことが理想

そして、３つ目は意外と盲点。もしも**「理想が浮かばない」場合は、「理想が浮かぶことが理想」**とする方法があります。

現代では「やりたいことが見つからない……」などと思い悩むことは多いですが、その場合は「やりたいことが見つかる」ことを理想にできます。

ぜひ、「もし、やりたいことが見つかったら？」と、自分に問いかけてみてください。

「嬉しいなあ」「楽しく働けているぞ」「誇らしい気持ちになっている」ということが想像できたら、その感情や、「胸がじんわりする」などの体感覚を味わって、そのまま、日常を過ごしてみてください。

理想を実現した状態の感情・感覚を味わい切ることで、潜在意識がその実現に向かわせてくれます（つまりは、新しい理想が見つかります）。

ちなみに、「なぜ、夢ややりたいことが見つからずに悩むの？」と思うかもしれません。

それは、**人は「わからない」状況に耐えられない**からです。

答えを知りたい、でもそれを自分で考えることは放棄している。

この「わからない」状況に耐えられないから、いろんな「答え」に飛びついて、時間もお金もムダにしてしまうのです。

さらに、「それさえあればすべて救われる！」そして「それがなければダメだ！」と思い込まされていることもあるでしょう。

夢・やりたいこと・天職・天命・人生の目的……見つかればもちろん素晴らしいですが、それがないからといって、不幸な人生になるわけではありません。


ところが、社会には「夢がない＝かわいそう」とする風潮がどこかあります。

僕も元来、夢を持っておらず、「夢を持たなきゃ」と苦しみました。

しかし、夢や目的・やりたいことは、別になくても幸せに生きられます。

一人の人間の本質的な価値は、それのあるなしでは変わりません。


不思議なことに「なくてもいいや」と思うと、ふと目標が立ったりします。

これは、**思考の枠を超えて、〝わからない〟状況にとどまれるようになる**からです。

僕も、「もういいや」と夢を持つのをあきらめたとたん「『夢がなくても大丈夫だ！』と言えるようにする！」という矛盾めいた目標が立ったりしました。


結局のところ、「夢を持ちたい」「やりたいことを見つけたい」などあれこれ考えるのも、

そうすることで、「得たい感情がある」からです。

その感情は、心の動きなので、達成する前から、想像して味わうことができます。

先に感情を味わってしまえば、もはやそれで悩むこともなくなります。

もし今「いい気分」であれば、夢があるかないかは関係ありませんよね。

なので、ぜひ、あなたが「いい気分」になるために、自分の心に問いかける習慣をつけてみてください。

理想設定3つのポイント

なんとなく、理想の設定の感覚がつかめてきましたでしょうか？

ここでは、さらに「より、自分の心が動く理想」を立てられるよう、3つのポイントを紹介します。

ゼロベースで考える

1つ目は「**ゼロベースで考える**」ということです。

これまでのことや、今の状況はいったん置いといて、まったくのゼロから望むならどうするか？　と問いかけてみる。

「当たり前を疑う」と言ってもいいかもしれません。

これはいわゆる、「お金がかかるからとか、スキルがいるからとか、そういうのは全部なかったとして、好きに望んでみよう」ということなのですが、なんでも**「全ての条件をいったん忘れる」というのは、テクニックとして覚えておく**のがおすすめです。

なぜなら、僕らは**どうしても、過去にとらわれてしまう**からです。

特に、ビジネスでありがちなのですが、**「過去の延長線上の目標を立てる」**ということがあります。

「これまでのルールの、ここを変えていこう」
「今、システムのここが問題だから、これを直そう」

これまでのことが当たり前なので、〝それありき〟で考えてしまう。

別にそれでもいいのですが、**ポイントは、それで「心が躍るかどうか？」**です。

いったんすべての条件を忘れて、「その理想、達成したい?」と考えていきます。

特にシステムやルールの改善の際には、「もし、まったくのゼロだとして、もう一度これを選ぶか?」ということを考えていくと、「いや、わざわざこれを選びはしないかな」「まったくのゼロから考えるなら、こういうやり方にするかな」といった新しいアイデアが浮かぶこともあります。

「これからどうしたいか?」は、「これまでどうだったか?」とは、関係があるようで、ありません。

もし強制的に新しいアイデアを出したいときは、**「これまでの常識」を書き出して、その逆を選ぶ**という決め方もいいでしょう。

新しい場所に心躍れば、いきなりそこを目指したっていいのです。

2つ目のポイントは「**Why よりも If**」ということです。

理想や目的とか、目標というものを考えると、だいたい「なぜ？」「その理由は？」と聞かれます。

しかし、**本来、理想に理由はいりません。**

理由があるとすれば「やってみたいと思ったから」「できると思ったから」「面白そうだから」で十分だからです。

僕も大学選びの理由は「カッコいいと思ったから」、会社選びの理由は「面白そうだったから」、結婚の理由は「流れが来たから」でした。

ここで無理に理由を考えてしまうと、どうしても過去に引っ張られます。

なぜなら、**理由は過去から探す**からです。

「これまでの私はこうだったから……」というと、それらしい理由は作れそうですが、これは結局、過去の延長線上で生きているだけです。

そして、そのセリフが入ったが最後、「これくらいの目標でいいかな」と、自分を低く見積もり、心の躍らない理想を立ててしまいます。

理由は未来に置く。「Why＝なぜ？」を考えるよりも、「If＝もし？」を考えていきます。

「5W1H」など、「ビジネスでは大事だ！」と教わった方は多いと思いますが、それよりもIfを考える機会を、もっと増やしていきましょう。

理想を思い描いて**「もし、そうなったら？」**と、自分に問いかけてみる。

それで心が躍る、顔がニヤつく、胸がじんわり温かくなるという感覚になるならば、その理想でOKです。

「でも今はこうだから」と〝3D言語〟が邪魔をするのなら、〝ゼロベース〟で条件を取り払ってから思い浮かべてみてください。

そして、あらゆる選択肢に対して**「私がこう思ったから」と言えたなら、それこそが、自分に理由がある「自由」な状態**です。

理想は味わって初めて叶う

３つ目は、**「理想をとにかく味わおう！」**ということです。

理想の気分を味わえば、その理想を達成するように潜在意識が働きます。

いわゆる「思考は現実化する」。

理想は言葉にするだけではなく、五感で、心で、体で味わい、感情を動かし、感覚にしみこませるまでやると、よりその効果が発揮されます。

〝眉《まゆ》つば〟で、怪しい話に聞こえるかもしれませんので、実際の様子を考えてみましょう。

たとえば、「お金持ちになりたい」という理想がある場合、一度、高級ホテルのカフェなどでくつろいで、その状況が「当たり前だ」と思えるように味わってみます。

自分の枠を超えて、そこにいる人の様子とか、立ち居振る舞いを真似してみる。

そうすると、別の場所に行って、〝そうなってない現状〟を感じたときに「この状況はおかしい」「自分はもっとこうなっているはずだ」「本当はこうするはずなのに」と、自然と取る行動が変わっていきます。

この**「行動が変わる」連続が、自分を理想の状態へと導いてくれる**のです。

そして、年のはじめの目標を、2月にはもう、覚えている人が〝ほとんどいない〟ことからもわかるように……**理想は、描いたら、それをくり返し味わう、つまり何度も「想い直す」必要があります。**

どんなに素晴らしい目標でも、「慣れて」しまうと、そこにあるのは変わらない日常です。

オフィスに飾られた、立派なスローガンの文字を、忘れてしまってはいないでしょうか。

もしも理想を立てたなら、事あるごとに、その理想を口にし、何度もその達成状態を

「味わい直して」みてください。

寝る前や、トイレなど、リラックスしているときには、潜在意識のフタがあいて、その理想を体に染み込ませやすくなっています。

ぜひ、理想を想い直し、味わい直す時間を、日常の中に作ってみてください。

第3章

ステップ2

実験してみる

なぜ、「実験」をするのか？

理想が立ったら、次のステップは「実験」です。

このパートのゴールは**「最短・最速でアイデアを検証する」**ということ。

要は何かしら行動に移すわけですが、「行動」と書かずにあえて「実験」と呼んでいるのには、理由があります。

なぜなら、「行動しよう！」というと、どうしても「失敗したらどうしよう……」と、体が硬まってしまいがちだからです。

そこで「実験」です。あくまで**「実験」ならば、やってみた結果がどう転ぼうが、「これをやったら、こうなった」という〝データが得られた〟だけ**です。

「デザイン思考とは、マインドセットだ」

こう言い切っている専門家の方もいるくらい、この思考法では、**「まずやってみる」という姿勢**が重要です。

「試行＝思考」、つまり、行動してみることそのものが考えることになる。

〝まずやってみる〟ことで「もっとこうしたい、今はこれが足りてない、次はこれをやろう」と、理想の解像度が高まり、現在地がはっきりして、次にやるべきことも明確になります。

この章では、日常で使える「実験」のパターンをいくつかご紹介して、また、その「実験＝行動」を生む「行動のデザイン法」についてお伝えいたします。

簡単にできる実験3パターン

まずは、簡単に実践できる実験方法を3つお伝えします。

日常ですぐに取り入れられますので、ぜひ、理想へ向けて気軽に「実験」をはじめてみてください。

パターン1 思考実験で味わう

まずは、思考実験。簡単には「**質問する**」ということです。

理想・アイデアが生まれたときに**「もし、そうなったらどう?」**と、自分自身に問いかけてみます。

たとえば、「売上目標を達成したい！」みたいなことがあったときに、「もし、そうなったらどう？」と、問う。達成できたとして、その状況を味わってみる。

これが、〝あまり嬉しくない〟なら、その理想に突き進む前に、違う理想を設定する必要があります。

また「どうせ、自分には……」と否定する気持ちが出てくるなら、「できそう」な範囲まで理想を下げましょう。

もし、「これは、いいぞ！」と心躍るなら、それだけでこの思考実験は成功です。ガンガン進んでいきましょう。

さらに、

・それを達成したときはどんな気持ちなのか？

・周りにはどんな人がいそうか？
・次はどんなことをやりたくなりそうか？

など、どんどん具体的に理想の達成状態を想像し、心で、体で、味わってみます。なぜなら、想像し、心・体で味わうことにより、潜在意識のチカラが働き始めるからです。

『7つの習慣』でも、「すべてのものは2度作られる」という話があります。

「すべてのものは、まず頭の中で創造され、次に実際にかたちあるものとして創造される」

理想の達成をありありと思い描けるものだけが、実際に形になっていきます。

もし逆に、自分が「きっと無理だろう」を思い描けば、それが実現する。

自分が「これはできる！」「いけるかもしれない！」と思えたものこそ、行動に移せて、実現に向かっていきます。

そして、想像するだけでも――


「あ、達成するときにはこれが必要になりそうだな」

「少なくとも、今このスキルが足りていないな」


――といった**次の行動のアイデア**が浮かんできます。

それを行動に移していけば、「行動は心の増幅装置」なので、実現に向かって勢いよく転がっていくことになります。


1つ、僕の例を紹介します。

以前、とある企業様から「サイボウズでの知見も交えて、〝働き方〟について教えてほしい」とご依頼いただき、研修をしたことがありました。

しかし、この内容で研修をしたことはなく、「どう伝えていこうか……?」とわからないことがありました。

これまでなら「どうしよう……」と、資料も作れずにただただ悩んでいました。しかし、これがまさに「自分の思考の枠の中」に陥っている状態です。

そこで「もし、うまくいったらどうなる?」と、資料作りもそこそこに、**「うまくいった」という〝理想の状態〟**へと想像を膨らませていきました。

「参加者の方にも楽しんでいただけたし、自分も楽しく話せた!」という状況をイメージして味わっていると、いよいよ講義の前日というとき、ふと「あ、こうやって伝えればいいかも」というアイデアが浮かんできました。

その話は数年間は口にもしていないことだったので、まさに**「理想から取り出した」ような感覚**でした。

そこから急ピッチで資料を作り上げることができ、研修も「過去最高の盛り上がりだった」とお褒めいただけました。

理想を想像するだけでも、潜在意識は動き出します。

まずは、「理想を味わってみる」。この思考実験に取り組んでみてください。

パターン 2
すでに自分の理想を達成している人に聞く

また、実験の2つめのパターンは**「すでに自分の理想を達成している人に聞く」**です。

直接会えなくても、今やYouTubeもありますし、自分の憧《あこが》れの人の言葉を簡単に参考にすることができます。


すでに目指す理想を達成した人に、何を聞くのか？

一般的には、「達成するための方法」を聞いていくことが考えられるかもしれません。

しかし、それよりもその方の**「心の感情」「体の感覚」**を受け取っていきたいです。

以前、僕もビジネスにおいて「集客がうまくいかない……」と悩んでいた頃、実際に「集客の専門家」の方に話を聞いてみたことがあります。

さまざまなアドバイスをしていただきましたが、ある程度、やり方としては知っていて「なんだ、こんなものなのかな?」と感じたりしました。

しかし最後に「ちなみに、どのくらいの人数にお声がけしたのですか?」と気軽に聞くと、「まあ、2000人くらいに声がけしましたけどね」と返ってきました。これまで僕が声がけした人数は、最大でも100人。

圧倒的な差を感じましたが、「なるほど、このレベルまでして、ようやくうまくいくのか」と、〝感覚〟をつかむことができました。

こんなふうに、方法・手法に注目すると「そんなこと、知ってるよ」となってしまいますが、そうではなく**「こんな基準値でやるんだ」という、〝取り組み方〟**をつかんでいきます。

イチローさんが「基礎が大事だよ」と言うのと、近所のおじさんが「基礎が大事だよ」と言うのでは、**言葉に込められた感覚が違う**、ということです。

そういえば、これは浪人時代にも感じていたかもしれません。

予備校の自習室に行くと、元いた学校の自習室とは〝雰囲気〟が違います。

「高い場所を目指す自習は、集中力が違う！　ここまで集中して勉強しないと！」ということが、〝肌で感じられた〟経験でした。

こういう「基準値」や「こうするものだよね」というものを味わえると、理想の感覚をつかむことができます。

この**「感覚をつかむ」という感覚**を身につけてみてください。

パターン3

実際に行ってみる

また、理想の「場所」があれば、**実際に行ってみて体感**するのも手です。

大事なことは、**「実際にその理想を体験している人」**として味わうことです。

いつか講演をしたいなら、演壇の下からではなく、舞台に立ってみる。

インタビューを受けてみたいなら、受けている姿を眺めるのではなく、実際に受けている気持ちまで。

プロ野球選手になりたいなら、応援席でなく、ベンチに入り、打席に入る、というところまで。

なんだか「引き寄せの法則」のやり方みたいに聞こえてきますが、実際に潜在意識を活用していくというのは、そういうこととクロスしてきます。

「理想が実現した状態」を実際に体験してみて、心で、体で味わっていく。

それは本当にイイものなのか？　実現したときはどんな気持ちなのか？

実際にそれを体験しているときの「心の感情」「体の感覚」を味わっていくことで、実際の行動がまた変わってくるのです。


たとえば僕の妻は、大型バイクのハーレーに乗るのが夢だったそうです。

実際にショップに行って覗《のぞ》いてみました。

「わあ〜いいねえ〜」と、遠巻きに眺めていましたが、そのとき、すでにハーレーを持っているらしき人がお店に入ってきました。

その人は「これ、乗ってもいい？」と、バイクに跨《また》がり、そして実際にスタンドを外して、重さを確かめるところまでやっていたのです。

これが、**実現している人と、していない人の〝行動の違い〟**です。

妻も「次行ったときは、スタンド外しまでやろう！」と意気込んでいます。

他には僕の話なのですが、「行動すれば叶う」と聞いたので、受験生時代に、目指す大学へ行ってみました。

そして、「門の前」でその大学の写真を撮ったのです。

これは、今思えば、心が完全に「観光に来た人」でした。

はたして潜在意識が、その状態を完全に再現したのか……？

その年の受験は、落ちました。


次の年、たまたま行く機会ができたので、また大学に行きました。

そして、同じ門をくぐってから、「いつもの風景を親に送る気持ち」で写真を撮りました。


その年の結果は、合格。

このことが結果につながったかはわかりません。

「いやいや、やっても変わらないでしょ」という方はいるかもしれませんが、わからないなら、ちょっと確かめてみませんか？

本当か、わからなくても、やってみる。自分で実験・検証する。それが、自分を拡げていくということでもあります。

実際、僕も〝写真の撮り方〟を変えたことで、「今年は受かるぞ」というスイッチが入ったのは事実です。

もし、少しでも確率が上がるのなら……？

ちょっと楽しみながら、〝実験〟してみてはいかがでしょうか。

シーン別にみる3つの実験手法

さて、軽く行動を起こすための方法について、3つ紹介しました。

ここからは、もう少し具体的に、日常、特に**仕事で起こりそうなシーン別に使える実験**を紹介します。

「実験」レベルで手軽にできるものですが、資料作成が早くなったり、企画が通りやすくなったりと、具体的な効果がありますので、ぜひ取り組んでみてください。

シーン1 コンセプトを作る

まずは「**コンセプト**」です。

これは、前述のサイボウズという会社でも、何か始める際には必ず決めていたものです。
これが定まっていないと、企画としてスタートしません。

作り方は簡単です。
「誰に・何を感じてほしいか」を決めます。
つまりビジネスでいうと、**「相手の理想」を決める**ということです。

具体的には、

誰に：
何を：

このフォーマットを埋めていきます。
プロジェクトの終わり、誰に、何と思ってもらいたいのか。

「このプレゼンは、部長に、これでＯＫ！　と言っていただくことが目的です」
「この会議のゴールは、参加者の皆さんに『新プロジェクトでやることが明確になった！』と言ってもらうことです」

このように、**プレゼンや会議のはじめに言うのもおすすめ**です。

実際、僕が在籍していた時代、サイボウズ社内のプレゼンでは、最初のページに「誰に：／何を：」のフォーマットが使われていることがよくありました。

企画立案・資料作成への応用

特に、この「誰に」「何を」の「コンセプト作り」は、企画立案や、資料作成に活かせます。

たとえば――

課長「ちょっと、1週間後の訪問の資料作ってくれない？」

――と、言われたときに、その場で、「承知しました。（誰に）先方のAさんに（何を）『新商品、買います！』と言っていただけるような資料、でいいですよね？」と確認しておけば、「いやいや、今回は新商品は軽く伝えるくらいでいいから、それよりも僕らができることを伝えて、先方の困り事をしっかり聞き出してあげたいな」などと、**たった1つの質問で、方向性のズレがなくなります。**

往訪までの1週間、「どんな資料を作ろうか……」「まだ作ってないな……」「どうしよう、やらなきゃ……」と悩んだ挙げ句、直前に作った資料が「う～ん、これ、ちょっと違うなあ。作り直してくれる？」……なんて言われることも回避できます。

そして、少し作ったあとにもすぐ「どうでしょう、先方のAさんが、わが社の状況を理解できる資料を目指して作りました」と伝えて、「いい感じだなあ。もっと、ここを詳しく書いてくれない？」などと、再度できあがったものを〝見せて〟意見交換するのもいいでしょう。

こうやって、少しずつ作って見せる、というのがまさに「実験」をしながら進めていくような感じです。

いわゆる**「たたき台」をどんどん作り、ブラッシュアップしていく**と、手早くいいものができあがります。

任せた方の「作ってくれている」「仕事が進んでいる」という安心感にもつながり、信頼感も増しますので、ぜひ資料作成などに活かしてみてください。

感情面も乗せる

こう書くと、

「『誰に』『何を』なんて、そんなことならもうやっているよ」

という方もいらっしゃるかもしれません。

できる方はだいたいできているものですが、さらに**「思考から心・体」**へと切り替えていくと、その効果も増していきます。

特にポイントは、文字の上だけでなく、**感情に注目する**ことです。

一例として「経理の作業が簡単になる商品」のコンセプトとして次のようなものがあったとします。

誰に：経理の方が
何を：ラクになる・残業が減る・ミスが減る

このコンセプトが出たあとに、

「もしこうなったら、どんなに喜んでもらえるだろうか……？」

と、相手の経理の方が喜んでいる様子を想像し、ウキウキしてみる。

さらに

「相手にこうなってもらえたら、自分（誰に）は、どう感じる（何を）だろうか？」

と、〝自分バージョンのコンセプト〟についても味わい、ワクワクします。

もし、自分も、相手も、嬉しいことがわかれば、必然的にそれは実践したくなりますよね。

この心の動きを事前にちょこっと作るだけでも、〝体重〟が乗って、いい仕事ができることにつながります。理想の感情を味わった後では、細部へのこだわりや、実際の言葉遣いなどが変わってくるのです。

これは、騙《だま》されたと思って、ぜひ一度試してみてください。

シーン2
ストーリーを作る

次に紹介するのは、理想実現の「**ストーリーを作る**」というものです。

これはコンセプトと同じく、そのままプレゼンや企画などで活用できますので、楽しみながら作ってみてください。

さて、ストーリーというのは、次ページの図の3ステップで表されていきます。

1. 落ち込み
2. 乗り越え
3. 大成功

すべてのストーリーは、このくり返しでできています。

図4　ストーリーの3ステップ

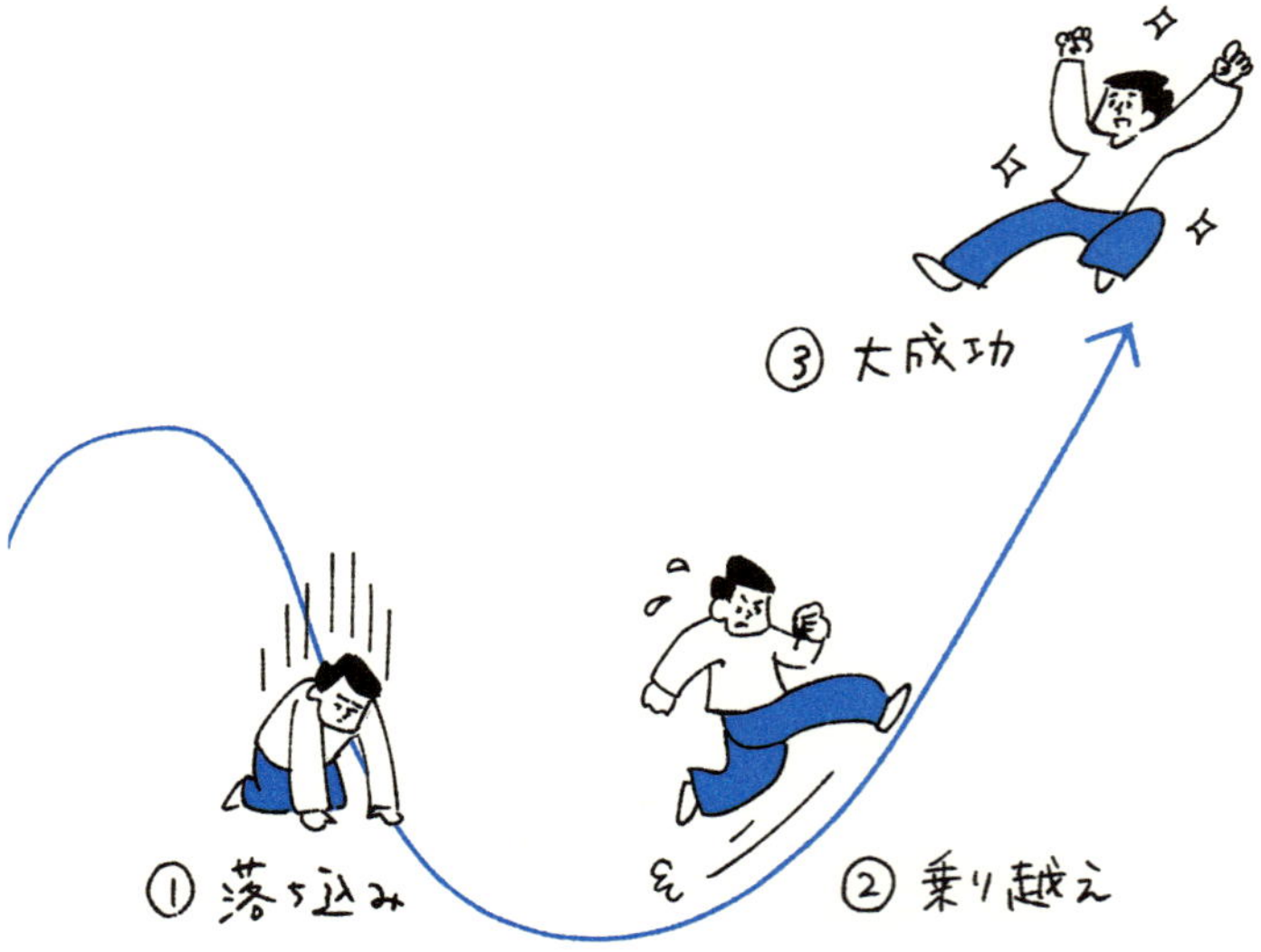

たとえば、「みにくいアヒルの子」の場合はこうです。

1. 落ち込み：皆と違う、変なアヒルは、いじめられ、群れを追われました。
2. 乗り越え：一人で寂しくとも、厳しい冬を耐え抜きました。
3. 大成功：次第にアヒルは成長し、美しい白鳥になりました。そして、白鳥の仲間たちと空へ飛び立っていきました。

他にも、この「乗り越え」が、突然の出来事によるケースもあります。

1. 落ち込み：少女は、継母《ままはは》や義姉妹にいじめられていました。
2. 乗り越え：あるとき、魔法使いが現れて、魔法をかけてくれました！
3. 大成功：お城の舞踏会で、誰もが羨《うらや》む王子様と出会い、結婚することに……！

これは、いわゆる「シンデレラ・ストーリー」と呼ばれるものです。

この「ストーリー」をビジネスとして活用した際には、**乗り越えの要因が「商品」**にあたります。

1．落ち込み：経理作業が複雑でしんどい……残業ばかりでもう大変……！
2．乗り越え：え⁉　この商品を買ったら、AIに任せるだけでいいの⁉
3．大成功：作業が週に3時間も短縮された！　定時に帰れるようになったし、空いた時間で、もっと好きなことをできるようになった！

「大成功」のところは、先程の〝コンセプト〟と一致します。

このストーリーは、ビフォー・アフターを感情面で後押ししてくれます。

顧客の変化は、そのまま提供する〝価値〟ですので、〝感情の変化〟まで示していくことで、価値を感じやすく、行動へとつながりやすくなります。

商品開発・プレゼンテーションに「ストーリー」を活かす

商品開発や、プレゼンテーションにこの「ストーリー」を活かすことができます。

世の中のＣＭには、ほんの数秒の間にこのストーリーが詰め込まれています。

たとえば、消臭スプレーのＣＭの例を見てみましょう。

1. 落ち込み：汗やタバコ・焼肉のニオイがくさ〜い！
2. 乗り越え：そんなときは、「シュッ！」とひと吹き！　ニオイの元を強力除菌！
3. 大成功：ハア〜〜〜！　スッキリ！

シンプルな構図ですが、**「つらい悩みが解決していく」というストーリーは、お客様の心を動かし、購入へとつながっていきます。**

活用法としては、こういうストーリーを、商品開発の段階でまず作ってみて**「この商品**

は、こんな解決ストーリーがあります」「こんな商品があったら、どう思いますか？」などと、周りの人に見せてみます。

そうすると、「これは必要ないかもね」「もっとこんな変化もあったらいいな」「他にもこういう人の役にも立つかな？」など、**次に進むための反応**を得られます。

そして実際に商品ができたら、この型に乗せて、ストーリーを語ってみる。

お客様の心を揺さぶり、購買行動につながるプレゼンをすることができます。

理想を味わうストーリーを作る

さて、もう少し一般的に、理想の「実験」として、ストーリーを活用してみます。

「もし、この理想が実現するなら、どんなストーリーになりそうか？」と、**自分の理想に合わせたストーリー**を作ってみます。

1．落ち込み（現状）：今は困っているけど……

2．**乗り越え（ここを好き勝手に埋めていく）**
3．大成功（理想）：こんな理想が得られる！

という感じで、〝乗り越え〟の箇所を自由に埋めていくことになります。

この〝乗り越え〟のきっかけには、「人・仲間・本・メソッド・商品との出会い／枠を超えた気づき／楽しむ努力」といったものがあります。

ここに、〝厳しく、つらい努力〟があると思っている方は、多いのではないでしょうか。これも「**心が動くからこそ、楽しみながら努力できる**」ものです。

いま、第一線で成果を出されている方々も、強烈な理想への憧れ、そして「そのためならばなんでもやろう」という気持ちがあったからこそ「苦しく思わずに楽しめた」という側面はあったはずです。

このストーリーを〝勝手に〟作って、味わってみると、「そうなったらいいな」「これは面白いストーリーになるぞ」と、自分の中の感情が動き出します。

あなたの周りで、悩んでいる方がいたら、その方の大成功ストーリーを、勝手に作って差しあげるのもいいですね。

想像するだけなら勝手ですので、ぜひ、楽しく、理想へ向けて心を動かしてみてください。

シーン《シーン》3 〝モノ〟を作る

最後の方法は、できるなら一番いいものです。

「理想を一部体験する」ために、**実際の〝モノ〟**、**試作品**を作ってみます。

これは実際に取り組まれている分野も多く、システムの画面を「絵で再現してみる」ことは、「ペーパープロトタイピング」と言われていたり、ホームページ制作においては、その設計図「ワイヤーフレームを作る」のが、まず取り組むことだったりします。

システムなど、要件を「ボタンを押すと、入力フォームが立ち上がって……」などと文字でつらつら書くよりも、見れば一発、実際の画面を試作品で見ることで「もっとこうしたい」「ここはこれがいい」というアイデアも出てきます。

また、実際にどうなるのか？　と、**「理想の状態を絵で描く」**ということもすぐにできます。

イメージ図は、自分で書いてもいいですが、今では生成ＡＩもありますので、ＡＩに「これこれこういうことをしたいのだけど、その絵を書いてもらえますか？」と、尋ねるだけで、それを実現した理想の絵を手に入れることができます。

イメージできれば、さらに具体的になり、達成したいという気持ちも湧いていきますし、実現のためのアイデアも湧いてきます。

そして、絵を見たあとに「わあ～！　これはいいよなあ～！」と、心・体で味わっていきます。イメージとして実際に目に見ることで、思考だけではない心と体のスイッチが入っていきます。

会議や1on1への応用

試作品ではなく、あえて〝モノ〟という言葉を使ったことの意義は、「**目に見えるものは、見ながら議論できる**」というところにあります。

たとえば会議や1on1など、他の人が関わるものこそ、「〝モノ〟を作る」ことを意識してみます。

・ただ意見を出し合うのではなく、ホワイトボードなどに、出てきた意見を書き出していく。

・「業績が悪い」「雰囲気が良くない」など解釈で語らず、データを前に議論する。また出てきた意見は横に書き添えておく。

・ビデオ会議なら、コメントや、オンラインのボードに意見を書き残す。

図5　物理的な位置関係も変わる

思考が可視化されると、それを見ながら話ができるので、客観的にとらえやすくなります。

頭の中の〝解釈〟どうしで伝えあうと、どうしてもブレが起こりますが、それもなくなり、ブレの少ないコミュニケーションにつながります。

また、視線が人そのものへと向かなくなるので、「責められている」感覚もなくなります。これは1on1などの面談では特に有効活用できます。

実践者の方は、この章の最後に出てくる「○→△⇒□」の図を実際に書きながら、部下との面談をしている、とおっしゃっていました。

「今、○現状はこういうところだよね。何かここの□理想はある？」
「そのために、今、どういう△行動をしている？」

などと、同じものを見て、指差ししながら話をすれば、「今、何の話をしているのか？」が明確になり、脱線して時間オーバー、ということも防げます。

物理的にも、対立して意見を戦わせる構造から、一緒に〝モノ〟を見ながら話すことで、

理想を一緒に目指すスタンスに変われます。

とにかく「カタチにする」姿勢を持つ

もちろん、商品開発など、「成果物」がある際は、できるだけ速く実物をイメージできる**「試作品」を作ってみる**のがおすすめです。

先の例に出た「資料作成」も同じですし、ホームページ制作における〝ワイヤーフレーム〟なども、この試作品にあたります。

そして、〝やってみることでわかる〟というのが、「モノを作る」意識にもつながっていると思うと、プレゼンなど、無形のものにも応用できます。

「プレゼンがうまくいくかどうか不安……」「何から手を付けたらいいかわからない……」そんな状況なら、これは、**プレゼンを「まずやってみる」**ことでわかります。

スラスラ話せるところもあれば、なんだか詰まってしまうところもあったり、あるいは全部よくわからなかったり。

自分の口が慣れているのか、それともロジックにヘンなところがあるのか。

こういうことは、まず、**本番のプレゼンという〝モノ〟を再現してみる**ことで、どういうことが必要かわかります。

やみくもにデータを集めたり、知識を検索し始めるよりも、まずは口に出してみることで、「あ、このデータが欲しいな」「ここはもう少し詳しく調べておこう」と、集めるべきポイントが明確になっていきます。

どの状況においても、0→1が一番難しく、1→10→100へとしていくほうがやりやすいもの。

「試作品」「たたき台」でもって確認していくことで、改善の方向性が見えやすくなります。

「わからない」「どうしよう」で止まっているときこそ、**「まずは実験、とにかくカタチにしてみよう」**と考えることで、手を止めることなく、前に向かって進んでいけます。

「実験＝行動」できないときは、まず行動をデザインする

さて、ここまで「実験」、つまり、最初の行動のパターンを見てきました。

〝思考実験〟から始めているので、行動には移しやすいかと思いますが、それでも「行動できない」という方もいるかもしれません。

「試行＝思考」であるこの「超デザイン思考」では、このパートを動かせるかどうかがキモです。

ですので、ここで自分の**「行動」をデザイン**できるようになっていただきたいと思います。

ワーク：「できない」分析

ということで、さっそくワークに取り組んで、まずは**「できなかった」現状**を客観的に見ていきましょう。

まず、これまで「できなかった」と感じていることを紙に書いてみてください。

・ダイエットしていたけど、いつの間にかやめた
・筋トレしようとしたけど続かなかった
・買った本を読めなかった

などなど……。

列挙していったあと、これらの分析をしていきたいと思います。
先ほどとは、違う色のペン（赤ペンなど）をご用意ください。

①まず、「**キッカケが不明瞭《ふめいりょう》でやめた**」ものに、◯マルをつけてください。

いつ、それをやればいいのか？　よくわからなかったもの、本や動画で見たけど、使い所がわからなかったものに◯印をつけていきます。「3日に1回」「気づいたときに」というのも、キッカケ不明瞭の1つです。

②次に「**大変だった／やるのが難しい**」ものに、△サンカクをつけてください。

たとえば受験であれば、「◯◯大学に合格する！」という理想に心が躍っても、そのための行動が「毎日10時間勉強！　参考書5種類3ページ！」など、シンプルにキツいものだったら、継続してできないかもしれませんよね。

またビジネスにおける「お客様目線で考える」「目的を意識する」など、よくよく考えると、具体的にどうやるのか不明、といったものにも△印をつけていきましょう。

③最後に、「**効果がわからなくてやめた**」ものに、□シカクをつけてください。

「英語を勉強してみたけど、話せるようになったかわからない」「筋トレの効果がよくわからなかった」など、頑張った割に効果が薄いと、やっぱり続きませんよね。そういったものを選んで、□印をつけていきます。

おつかれさまでした。

いかがでしょうか。だいたいすべてのものに、○△□、どれかの印がついたのではないかなと思います。中には「すべてついた」ものもあるはずです。

これをご覧いただくと、「そりゃ、できないよねえ〜！」と、感じられたのではないでしょうか。

いつやるか曖昧《あいまい》で、やることも大変、効果も不明瞭。
これでは、行動が起こるわけがありません。

特に、書いた紙を手に持って、遠くから眺めていただくと、「なるほどね、だからこれはできなかったのか」ということが納得できるのではないでしょうか。

図6　「できない」分析

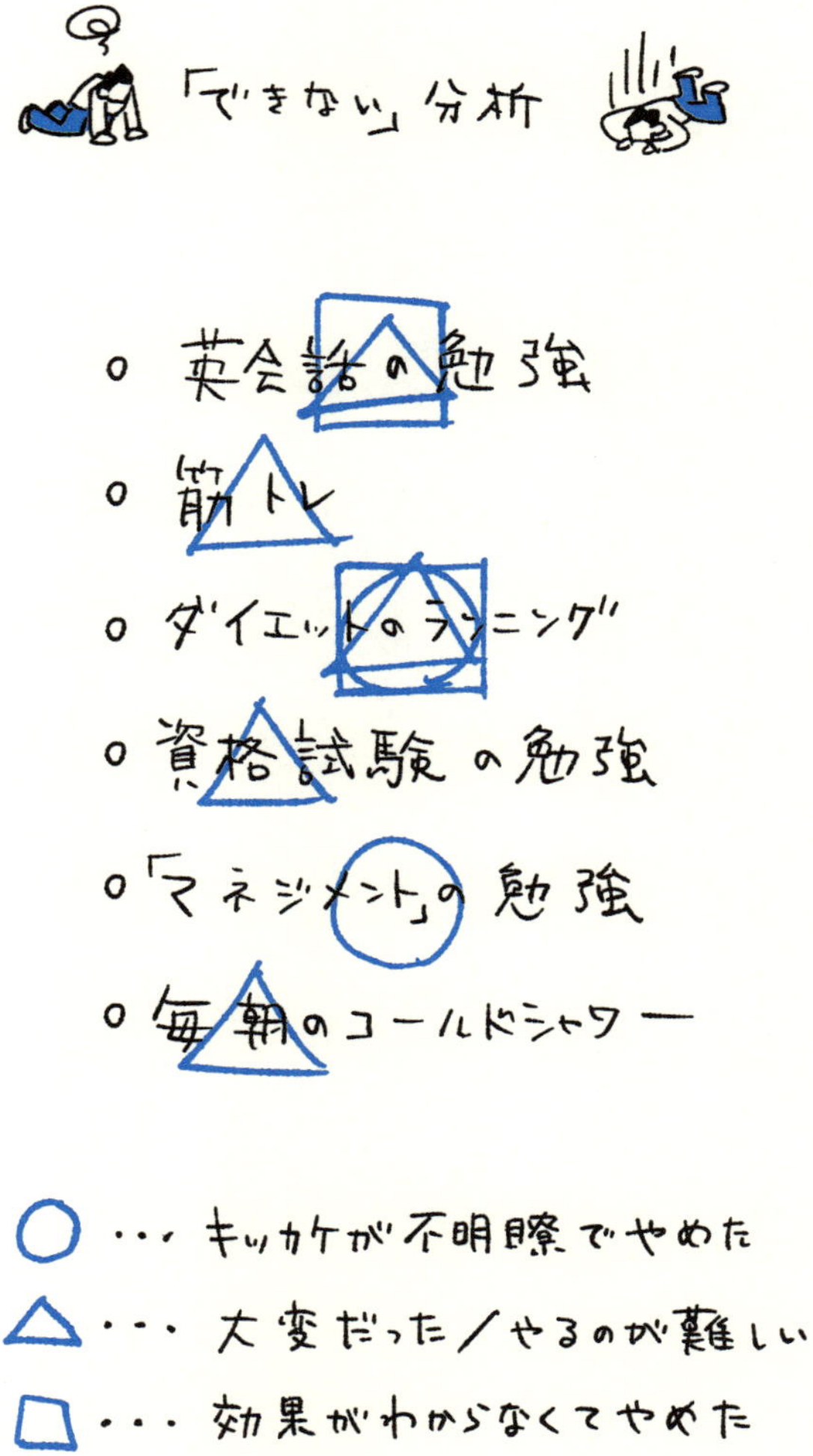
「できない」分析
o 英会話の勉強
o 筋トレ
o ダイエットのランニング
o 資格試験の勉強
o「マネジメント」の勉強
o 毎朝のコールドシャワー
○…キッカケが不明瞭でやめた
△…大変だった／やるのが難しい
□…効果がわからなくてやめた

こうやって「できない」理由を分析していくと、ムダに悩む必要がないと思いませんか?

この**「できないことに不要に悩まない」**ということは、次の「ふり返り」のステップでも重要になってきます。

それで、いったん「なあんだ」と笑えたら、この分析も終了です。

まずはぜひ、手を動かしてこのワークに取り組んでみてください。

行動できないときに足りない3つの要素

ワークでわかったかと思いますが、行動できないときには、3つの要素のどれかが欠けています。

○**条件**：いつ、その行動をするのか
△**行動**：どんな行動をするのか
□**成果**：その行動をすると、どうなるのか

シンプルにこれだけですが、行動できない・続かない・変わらないというのは、これ〝だけ〟がポイントです。

- 「週に2回やる」とか、ぼんやりしていたら取り組めない
- やり方がわからなかったり、大変だったらもうしんどい
- 頑張ったところで「何か意味があるのかな？」と思ったら、もうやらない

なぜ、そう言えるかと言うと、この**3つ○△□が、「行動そのもの」**だからです。

行動の前・中・後を表していて、それが、行動するということ。

このどれかが欠けていたら、行動が起こらないのは〝当然〟です。

本当に達成したい、心が動く理想を立てていて、そのためにこの○△□が実現可能なのであれば、自然と行動は続けられます。

行動をデザインする3つの要素

それでは、行動するためにどうすればいいか。もうおわかりですね。

「○条件」「△行動」「□成果」これらを整えればいいだけなんです。

「なんだ、それだけじゃないか！」と思った方もいるかもしれません。

そして、本当にそれだけなんです。

つまり、

「○のとき、△すれば、□できる」

この公式に当てはめれば、人は誰でも行動できます。

なので僕はこれを〝**「できる化」の公式**〟と呼んでいます。

図7「できる化」の公式

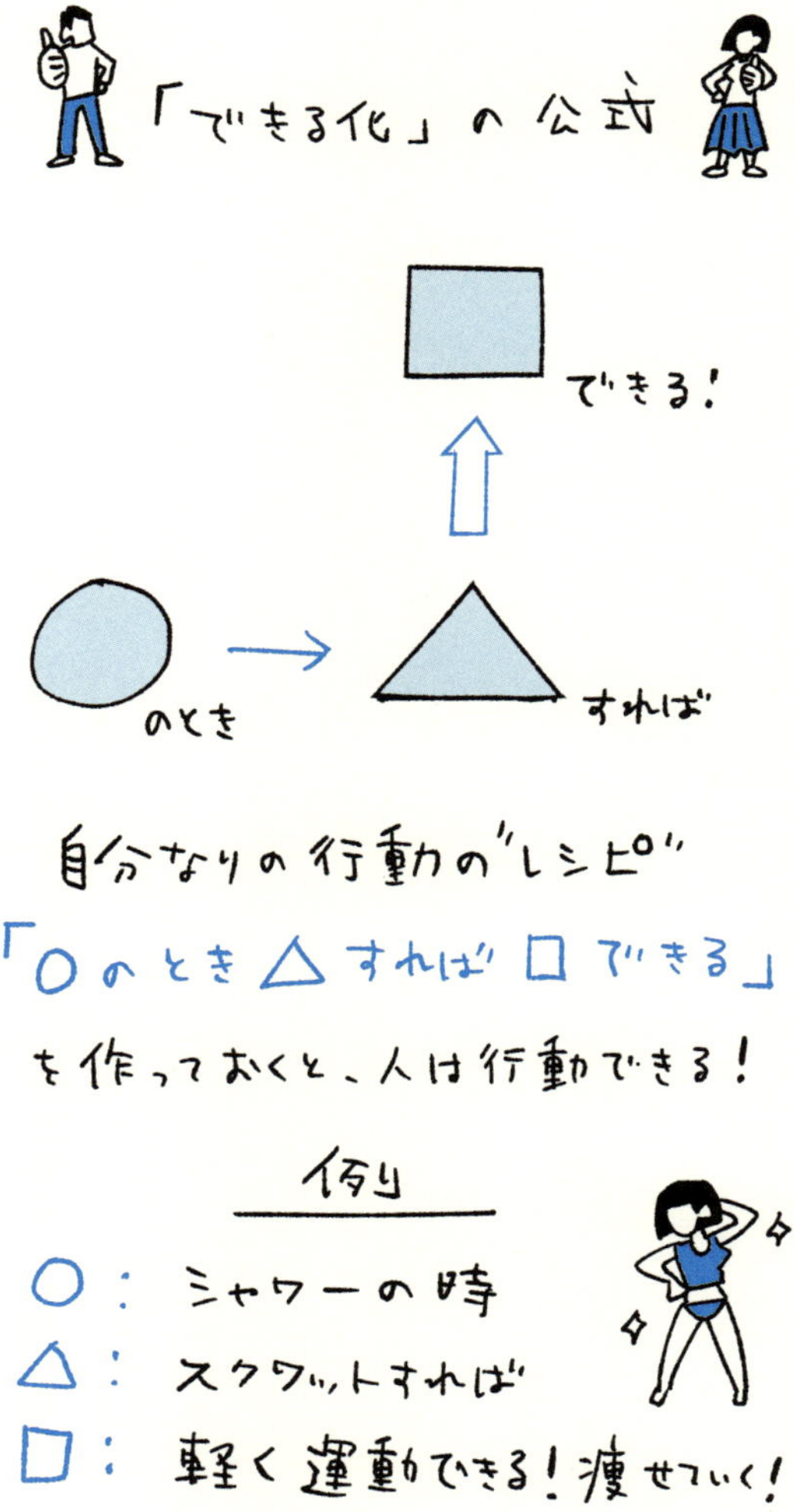
「できる化」の公式
できる!
のとき
すれば
自分なりの行動の"レシピ"
「○のとき△すれば□できる」
を作っておくと、人は行動できる!
例
○:シャワーの時
△:スクワットすれば
□:軽く運動できる!痩せていく!

いま、現状が変わっていない、人が動かない、というときは、この3つが揃っていない〝だけ〟です。

この公式に当てはめると、誰でもその通りに実践すれば成果を出せるようになります。

自分が行動する際にも、人に行動してもらう際にも、**「行動のデザイン」には「○のとき、△すれば、□できる」**。

この公式にあてはめて行動をデザインしてください。

それだけで、行動に移せることが格段に増えます。

行動の条件式

ここまでのことを図にしてみましょう。

横軸が「コスト」かける時間や労力、縦軸が「成果」行動によって起こったことです。

心が動くのは、ラクしてトクするとき

たとえば、もし、こんな図だったらどうでしょう。

・いつやるのかが曖昧

図8　行動の条件式

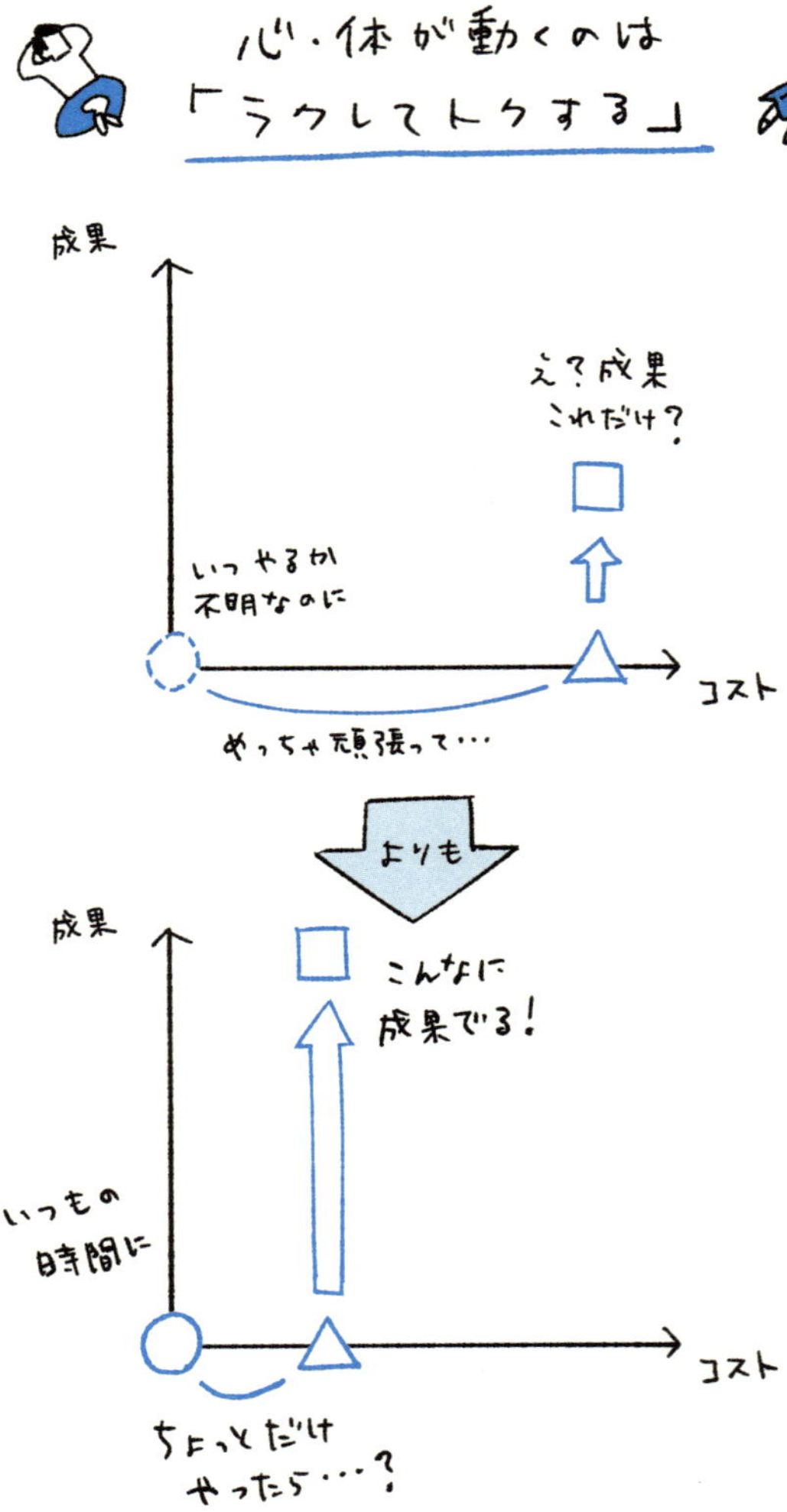
心・体が動くのは
「ラクしてトクする」
成果
え？成果
これだけ？
いつやるか
不明なのに
コスト
めっちゃ頑張って…
よりも
成果
こんなに
成果でる！
いつもの
時間に
コスト
ちょっとだけ
やったら…？

・やることも大変
・やったとしても、成果が出るかよくわからない

これなら誰もやりたくないですよね。

ところが、往々にして、僕らは〝これ〟に取り組んでいて……「とにかくやれ！」と、なんだか思考で無理やり動かそうとしますが、こうなっていては行動が実現しません。

そこで、このように変化させてみたらどうでしょうか。

・いつやるかがハッキリしていて
・やることも、簡単かつ明確
・やれば、とっても効果が高い！

これならば、やりますよね。

つまり、この図でいうと、**行動の条件式は「○＋△＜□」**です。

〝○＋△：行動のめんどくささ〟よりも、〝□：成果〟が上回るならば、人は行動する。

別の言葉でいうと「**ラクして、トクする**」ことなら、誰でもできる、というわけです。

行動をデザインする際は、この「○条件」「△行動」「□成果」を整えます。

「○のとき、△すれば、□できる」これが、実行可能になっているか？

つまり……**「できるか？」と問う。**

ちなみに、このときも「まずやってみる」、つまり実験が大事です。

やってみることで、行動がきちんと〝できる化〟されているかがわかります。

行動の生産性

これは、仕事の生産性とも関連があります。

図9　行動の生産性

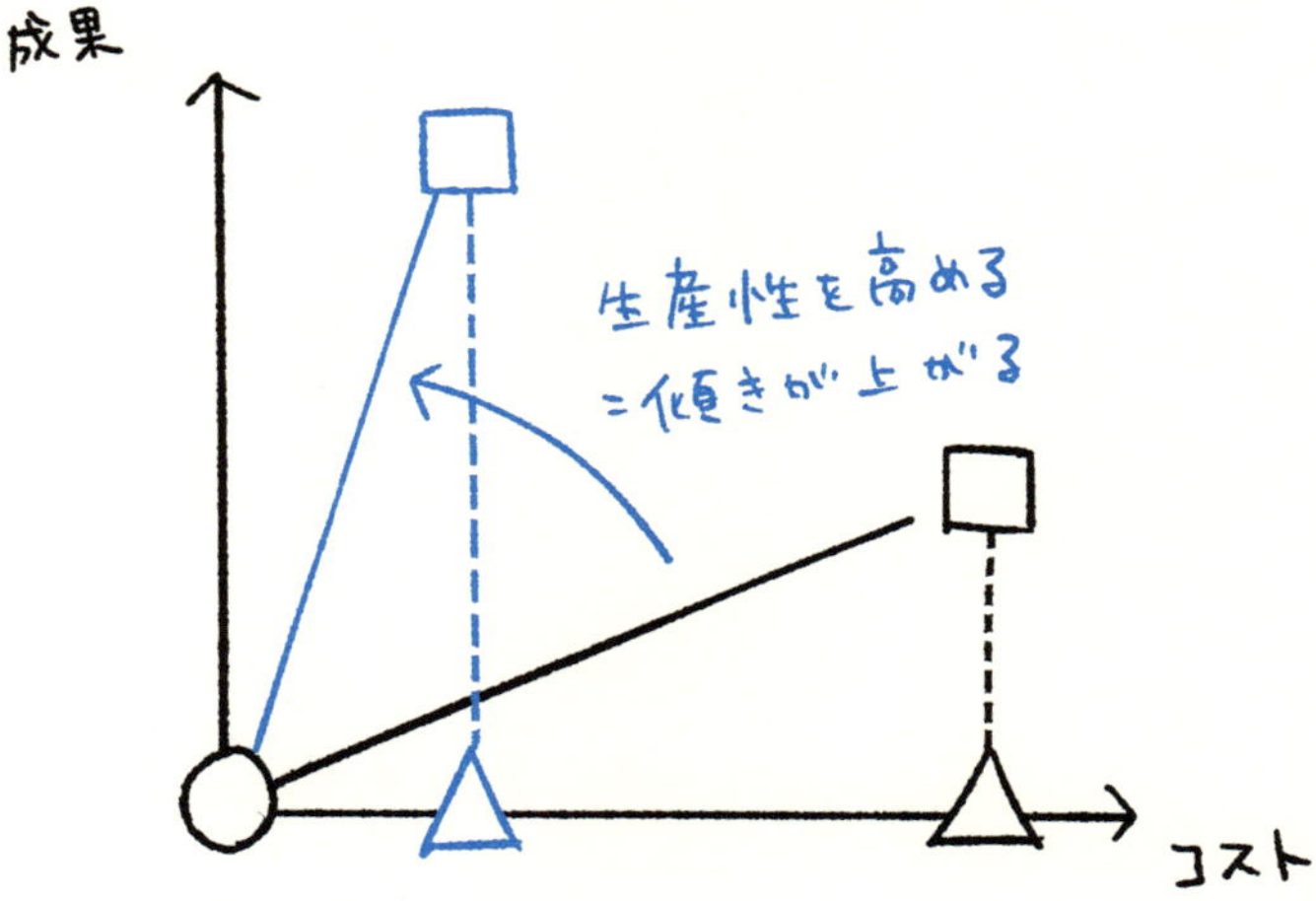

生産性＝成果／コスト（時間・お金・労力）

この図でいうと、○と□を結ぶ直線の傾きが生産性になります。

生産性がよくない仕事とは、この傾きがゼロ、「**ぼーっと：成果ゼロの状態**」もしくは「**だらだら：コスト∞の状態**」です。

これを意識しながらやっていくと、

「あ、いま、時間だけひたすらかかって、成果が出てなかった」

と気づけますし、そのときは「いったん休もうか」「違うことに切り替えよう」など、**次の理想を描いて、行動し直す**ことができます。

この「○△□」は、今の自分を見直すためのツールとしても有効だということです。

ぜひ、この図を頭に思い浮かべながら**「今、自分、どう？」**と確かめる時間を作ってみてください。その度にこの傾きを改善できれば、自然と仕事・生活の質も上がっていきます。

現状の「負」を味わい切る

特にブレーキをかけるのは「**負の感情**」。この気持ちが、文字通り「思いのほか」、足を引っ張るために、行動が起こらなくなっていきます。

そこで、次は行動の足を引っ張る「負の感情」に向き合っていきましょう。

「負」の状況にも、メリットがある

「上司のせいで、職場の雰囲気が良くない……」
「あの人、全然変わらないんだよな……」
「ただ、自分もなかなか変われていないよなあ……」

毎日の中で「負」の感情を味わうことはあると思います。

ですが、その状況は**「我慢できてしまっている」**ものであり、もっというと、**「自分にとっても「メリット」がある状況**なのです。

「イヤなことにメリットがあるはずないじゃないか！」と、思われる方もいるかもしれません。本当にそうでしょうか？


ここからは、人によっては少しイヤな気持ちになるかもしれませんので、気分が落ち着いているときに、ご自身と向き合いながら読んでみてください。

たとえば、「上司に理不尽に怒られてばかりでイヤだ」という状況を考えてみます。

もし、「この状況を改善したい！」という理想を立てたとき、行動をデザインすると

―――

「○上司に何か言われたときに、△きちんと言い返したら、□怒られないようになる」

――などでしょうか。

これは確かに、嬉しそうです。ところが同時に、言ってみたいけれども、実行に移すのは少しためらわれる。そのため、行動には移さないかもしれません。

なぜ、行動に移さないのか。それは、もし行動に移さなかった場合――

①言い返さなければ、場を壊さなくてすむ
②目立った行動をしなければ、面倒なことが起こらなくてすむ
③「受け取ってもらえない」というショックを受けなくてすむ

――といった**〝メリットも同時に享受している〟**からです。

そういうメリットがあるから、「言い返さない」「行動を起こさない」という行動を取り続けてしまう。

『北斗の拳』ばりに、「お前はもう、行動している」のです。

その他にも、「あの人が変わらない」は「文句を言っていられる」「上に立ち続けられる」「〝場に影響できる自分〟でいられる」。「自分が変われない」というのは「頑張らなくていい」「行動しなくていい」「〝できない〟と向き合わなくていい」というメリットを受け取っているかもしれません。

「負」の感情の中にも、自分へのメリットが隠れています（なので、変えるための行動を起こさない）。

「ええ!? そんな、まさか!?」と思う方もいらっしゃるかもしれませんが、これが、行動が起こらない理由です。

ビジネスや人生における「価値」とは？

では、「こんなときはどうするか」についてご紹介する前に、いったん落ち着いて「価値」についての話をします。

ビジネスや人生における「価値」とは何でしょうか？

いろんな定義がありますが、シンプルな定義として「価値とは、変化」です。

変化、つまり、「ビフォー・アフター」です。

得られる変化が大きいほうが、行動につながる。これはすなわち、価値が高いから、というわけです。


「負の感情」で、「価値」を得ているときは、「気分がよくない」という感情を差し引いてでも、「行動しない」ことのメリットが上回っている状況なのです。


この変化量「ビフォー・アフター」を増やし、行動が起こるようにするにはどうしたらよいか？

まずは、□**成果を、上げる。「行動すると、こんなにいいんだ！」という、行動のあとに生まれる成果をたくさん発見する**ことです。

そしてもう一つが、◯現状を、下げる。**負の感情を味わうことで、「もうこれはいやだ！」という心の動きを作り出す方法**です。

「価値」を含んだ行動の条件式

ということで、先ほどの行動の条件式を移項して（中学生以来の方も、いるかも？）、**「△＞□−◯」**と表現しても、わかりやすいかもしれません。

〝□−◯：前後の差「得られる変化＝価値」〟が、〝△：行動の大変さ〟を上回るならば、人は、行動するということです。

行動しろ！　と言われても動かないのは、この「変化＝価値」を感じられないから……と思うと、わかりやすいのではないでしょうか。

また、ポイントとなるのは「心・体」の部分です。

図10 「価値」を含んだ行動の条件式

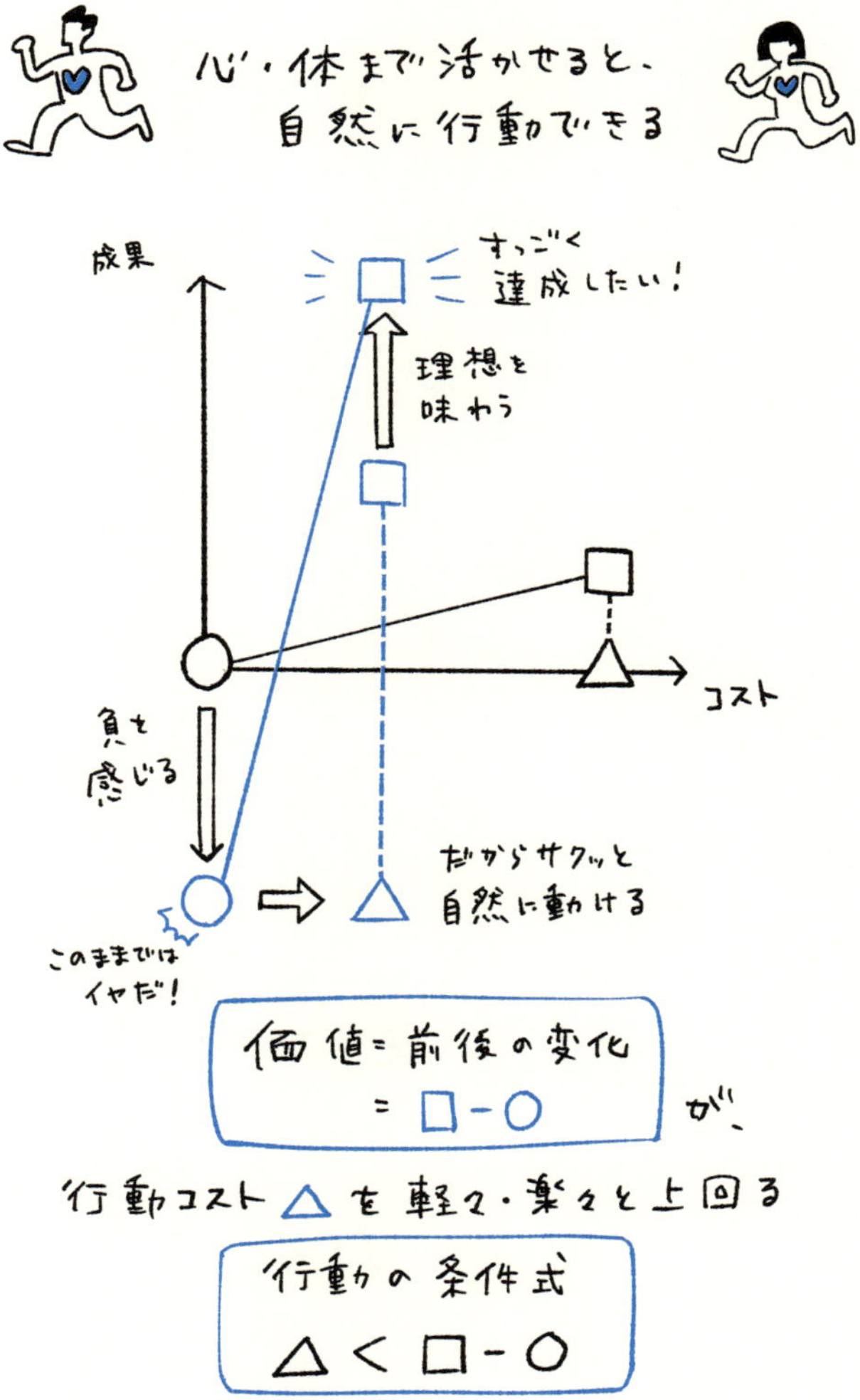

理屈で変化がわかっていても、それをイメージできたり、体感できたりして、心が動かなければ、人の行動は起こりません。

いい話を聞いただけでも行動できないのは、「変化＝価値」が不明瞭だから。

「よくなるよ」と聞くだけでなく「どうよくなるのか？」をしっかりイメージ・体感して、味わう必要があります。

そして、時には「負の現状」もしっかり味わう。

やり方としては「**もし、これがずっと続いたら？**」と自分に問うてみてください。

たとえば、先ほどの「上司に言い返せない」状況が、この先ずっと続いたら……と考えてみます。すると、

「もう、こんな状況は、イヤだ！」

「いやあ、やっぱりヒドい！　これは、許せない！」

「こんなに耐えているんだから、報われないといけない！」

と、怒りや、時には使命感にも似た感情が、湧いてくるのではないでしょうか。

そのうえで、理想を達成した自分のことも味わってみたら……これは、行動しない理由がない、もはや行動しようとすら思わず「何かやらなきゃ」と、居ても立ってもいられないような気持ちになってきます。

ちょっとした言葉遊びですが、**感情（Emotion）は、E+Motion……つまり、「エネルギーの動き」**なだけ。

いいも悪いもなく、その特性を理解して、乗りこなしていけば、大きなエネルギーになるのです。

現状のマイナスも、理想のプラスも、どちらも味わい切ることで、自然と行動につながり、変化を体感していけます。

理想と現状のギャップを認識できると、自然と行動のアイデアが生まれてきます。

たった5分「紙1枚」書けば行動できる

ここまで見てきたように、行動の原動力を生み出すには、「行動後の□成果が、十分良いものだと感じる」「○現状の負を味わい、行動したいと思えるようにする」という2つが必要でした。

そして、実はもう1つ、原動力を生み出す方法があります。

それは「**統合する**」という方法です。

たとえば先ほどの「上司に言い返したいけど、場を壊したくないから言い返せない」という場合。**この葛藤《かっとう》の裏で共通しているのは、「職場で楽しく過ごしたい」という想いです。**

人の葛藤は、同じ想いから生まれていることがあります。

その両方を俯瞰《ふかん》できる視点に立つと、また新しい行動案も生まれてきます。

理想への共感度が高まり、現状を脱したいと思えて、その背景の想いも一致している。

そうなったとき、自然と行動が生まれてくるようになります。


ところが……これは、少し難しい面があります。

なぜなら、感情にどっぷり浸っている間は、そこから抜け出すのが難しく、「統合」の視点に立つのが難しいからです。

紙に書けば、俯瞰できる

しかし、ある方法を使うと「**理想も、現状も、客観的に見られる**」ようになります。

それは、シンプルですが「**紙に書く**」ことです。


目の前の紙に考えていることを書き出すだけで、目の前に自分の思考が見えるので「こんなことを考えていたんだ」と、自分のことを客観視することができます。

手を動かし、紙の質感・ペンの筆圧を感じながら、自分の筆跡を見ることで、パソコン入力では動かなかった五感も動き始めます。

まさに、**五感を使いながら、思考の枠を眺める視点に立てる**のです。

そうやって眺めるだけでも——

「あれ？　何だか考えていたふうで、同じところでグルグルしているだけだ」

「この感情の共通点は、ここにあるんじゃないか」


——などと気づけたりします。

自分の状態を知るためにも、まずは書く。

自分を俯瞰して見ることで、「これやってみよう」のアイデアも自然に生まれてきます。

「紙1枚」での思考整理を伝え、自らもそれにより、海外への教育移住を実現している浅田すぐるさんから、僕は「**〝書く〟という動作をやめないことで思考が進み、やるべきことが明確になる**」ということを教わりました。

これも、**自分の思考を目に見える形にしてみる、という「実験」の一つ**です。

パソコンが主流の時代ですが、ぜひ紙に「書く」ことを、試してみてください。

「ACT（アクト）1枚」の書き方

ということで、ここまでのことを総ざらいして、**誰でも5分、書くだけで行動をデザインできる「紙1枚」の書き方**をお伝えしていきます。

●行動をデザインする「紙1枚」の書き方

用意するもの：

横長の紙、赤・青・緑の3色のペンを用意します。

①緑ペン：横長のノートに「枠・日付・3つの問いかけ」を書き、点を打つ

思考を書き出すための準備をしていきます。

「理想は？」「現状は？」「どうする？」

なぜ質問を書くかというと、漫然と書き出すよりも、質問に答えていくほうが、思考整理がしやすいからです。

基本は1日1枚、今日の理想について書きますが、何か取り組むものがある場合は「この商談の理想は？」「会議の理想は？」「半日の理想は？」などと書き換えることもおすすめです。

さらに、点を先に打つことで、「ここを埋めなきゃ！」という心理を活用して、書き出しやすくしていきます。

②青ペン：理想→現状→行動の順に埋めていく（目安：2分→2分→1分）

図11「ACT（アクト）1枚」の書き方

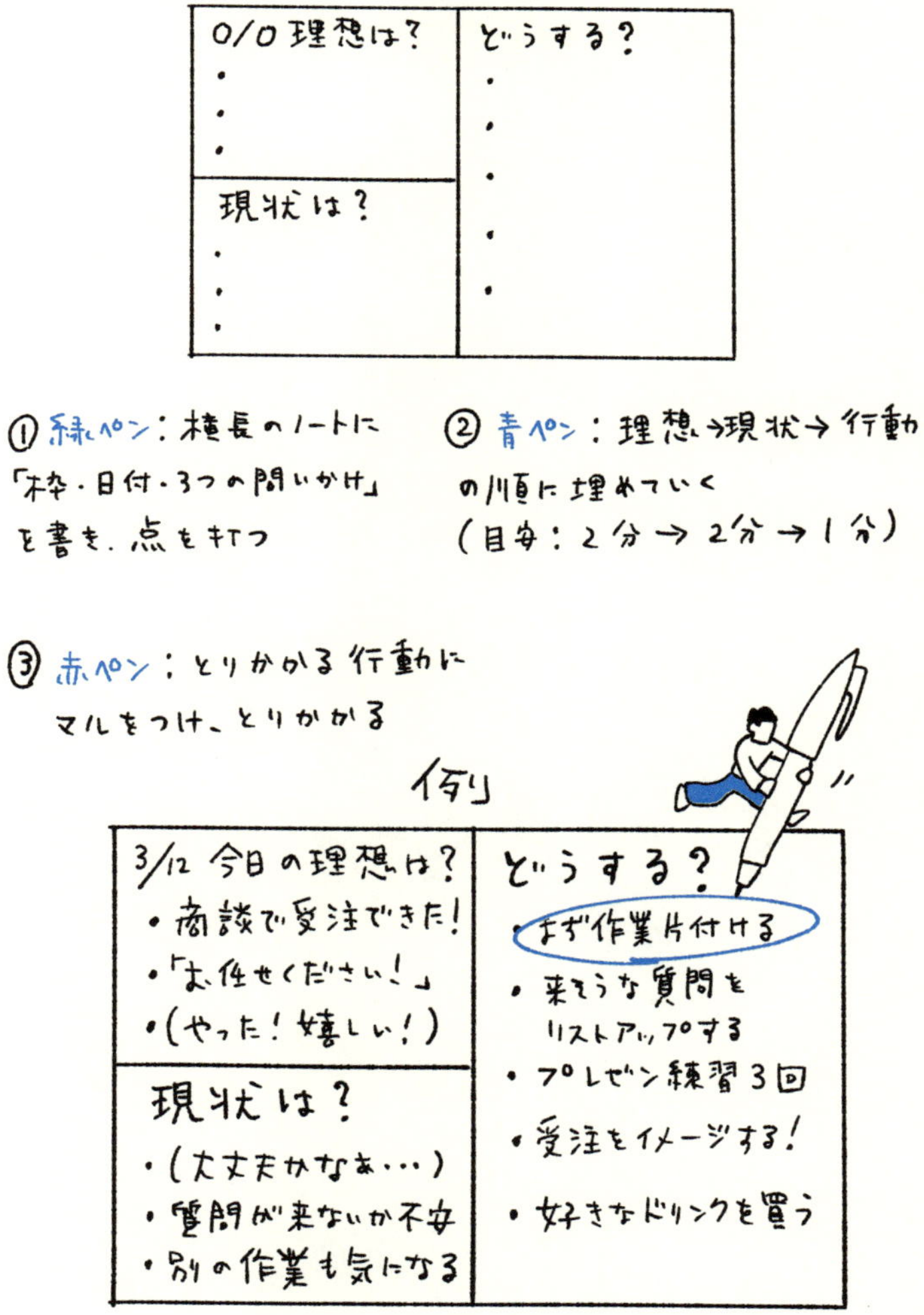
0/0 理想は？
・
・
・
現状は？
・
・
・
どうする？
・
・
・
・
・
①緑ペン：横長のノートに「枠・日付・3つの問いかけ」を書き、点を打つ
②青ペン：理想→現状→行動の順に埋めていく（目安：2分→2分→1分）
③赤ペン：とりかかる行動にマルをつけ、とりかかる
例
3/12 今日の理想は？
・商談で受注できた！
・「お任せください！」
・（やった！嬉しい！）
現状は？
・（大丈夫かなあ…）
・質問が来ないか不安
・別の作業も気になる
どうする？
・まず作業片付ける
・来そうな質問をリストアップする
・プレゼン練習3回
・受注をイメージする！
・好きなドリンクを買う

それぞれの質問に答える形で、点のあるところを埋めていきます。

時間はあくまで目安ですが、時間を区切ることで「時間内に書かなきゃ！」という心理にもなれて、書き出しが進みます。

理想や現状については、書けたらその感情を〝味わう〟こともしていきましょう。

③ 赤ペン：とりかかる行動にマルをつけ、とりかかる

最後に、行動の中から「まずはこれやってみよう！」というものを選んで、とりあえずやってみます。

赤マルをつけることで、「やろう！」という決意も湧き、行動に移しやすくなります。


以上が、行動を決める「紙1枚」の書き方です。

理想と現状を比べると、意外と行動のアイデアが出るもの。

自然と「行動＝実験」のアイデアが生まれるこの「紙1枚」、ぜひ一度、手を動かして書いてみてください。

図12　理想実現の3ステップ

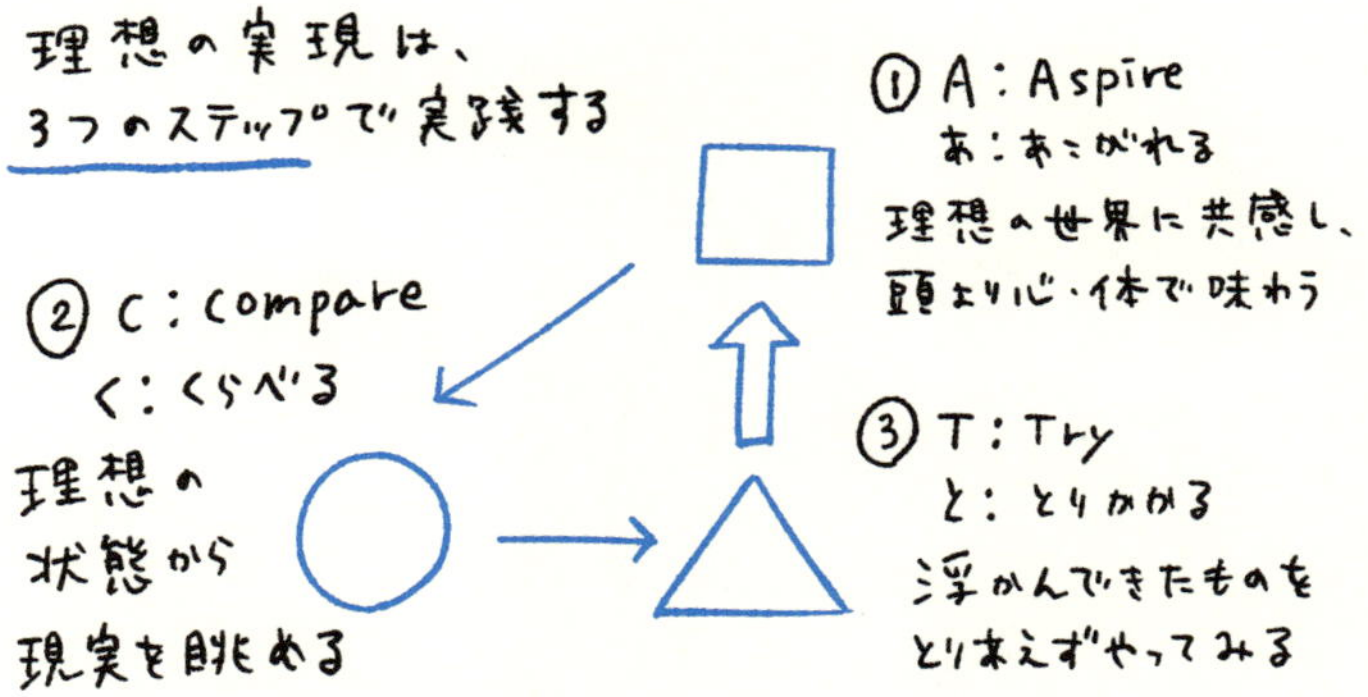

① **あこがれる（Aspire）**：理想の世界に共感し、頭より心・体で味わう。

② **くらべる（Compare）**：理想の状態から、現状を眺める。

③ **とりかかる（Try）**：浮かんできたものをとりあえずやってみる。

この3ステップは、書くだけで行動のアイデアが出るので、頭文字を取って「**ACT（アクト）1枚**」と読んでいます。

ちなみに、ペンの色ですが――

緑：紙に〝溶けて〟、邪魔しないけど枠

がある

青：青ペンで「青は進め」。リラックスして集中力が上がる色

赤：「赤は止まれ」で、思考をまとめる。行動のための感情を動かす色

——という意図があります。

また、ペンを切り替える動作は、**「書くぞ！」という意識のスイッチ**も入れてくれます。

なければ1色のペンでもいいですが、色を変えれば、ここにあげたような色のチカラも借りられますし、カラフルで楽しく、おすすめです。

「ACT1枚」の効果

さて、この「ACT1枚」をわざわざ書くことで、どんな効果が得られるのか？

これまでに受講生の方にお書きいただき、ゆうに3000枚以上の「ACT」が積み重なっており、いろんな変化をご報告いただいていますので、その中から大きく3つ、紹介します。

①仕事におけるメンタルが安定する

一番多いのは「仕事をするのがラクになった」「仕事でモヤモヤしなくなった」などと、**精神・メンタルが安定する効果**のご報告です。

・無限に増える仕事を、どこまでやったらいいのかわからず、毎日疲弊してしまう
・やり残した仕事が気がかりで、休日もモヤモヤ考えてしまう
・急《せ》かされている、焦っている感じで、体調も崩してしまう

こうした悩みがあった皆さまも、この「ＡＣＴ１枚」を書くことで、理想の状態を味わいながら日々を過ごせるようになり、心の不安が軽くなっていきます。

「任せられる仕事が増えたのにもかかわらず、気持ちよく仕事にも臨めるため、昇給・昇進を達成できた。さらに不安な気分を家に持ち帰らないため、休日も家族との時間が増え

た」というご報告もいただきました。

コツは、**〝味わい重視〟で書くこと**です。理想や現状を書くときには「やった、資料が完成した！」のような**〝セリフ〟**や、（めっちゃ嬉しい～！）といった**〝感情〟**も一緒に書くと、しっかりその状態を味わうことができて、行動案を出すひらめきや、実験に移す原動力につながります。

②自分らしく働ける

紙1枚を書きながら、自分に問いかける「自己対話」「自己客観視」の時間が、毎日5分ずつでも取られていくため、**「自分らしく」楽しく働くこと**ができるようになります。

Sさんは、これまでは仕事に追われて、体調も崩し、吐きながら職場に行ったり、10円ハゲができてしまっていたりなど、自分を追い込んでいました。

それが「ACT1枚」を書いてから仕事をするようにしたところ、「できる？　できない？」と自分に問いかけながら日々やることを書き出していくため、〝自分にやさしく〟

タスクの調整ができ、無理なく取り組むことができるようになったそうです。

今は任せるところは任せられるし、抜くところは抜きながら元気にお仕事ができているそう。

体調も良くなり、10円ハゲも治り、笑顔も増えてきて「Sさん、最近、変わったね」と周りからも言われるようになったそうです。


コツは、やることリストの中の「笑顔で過ごす」といった〝**あり方**〟**に関わるものは、早めに赤ペンで丸をつけて意識して、**〝**いい気分**〟**を保っていくこと**です。

仕事に追われながら、つらい気分で行動するのか、仕事が終わった理想をイメージして、そのいい気分で行動するのかでは、仕事への取り組み方も変わってきます。

③「できる！」自信がつく

書いていくことで**「自分にはできる！」という自信**が自然と積み上がっていきます。
それもそうですよね。毎日、自分で決めて、達成する。

図13　「ACT（アクト）1枚」を書くときのポイント

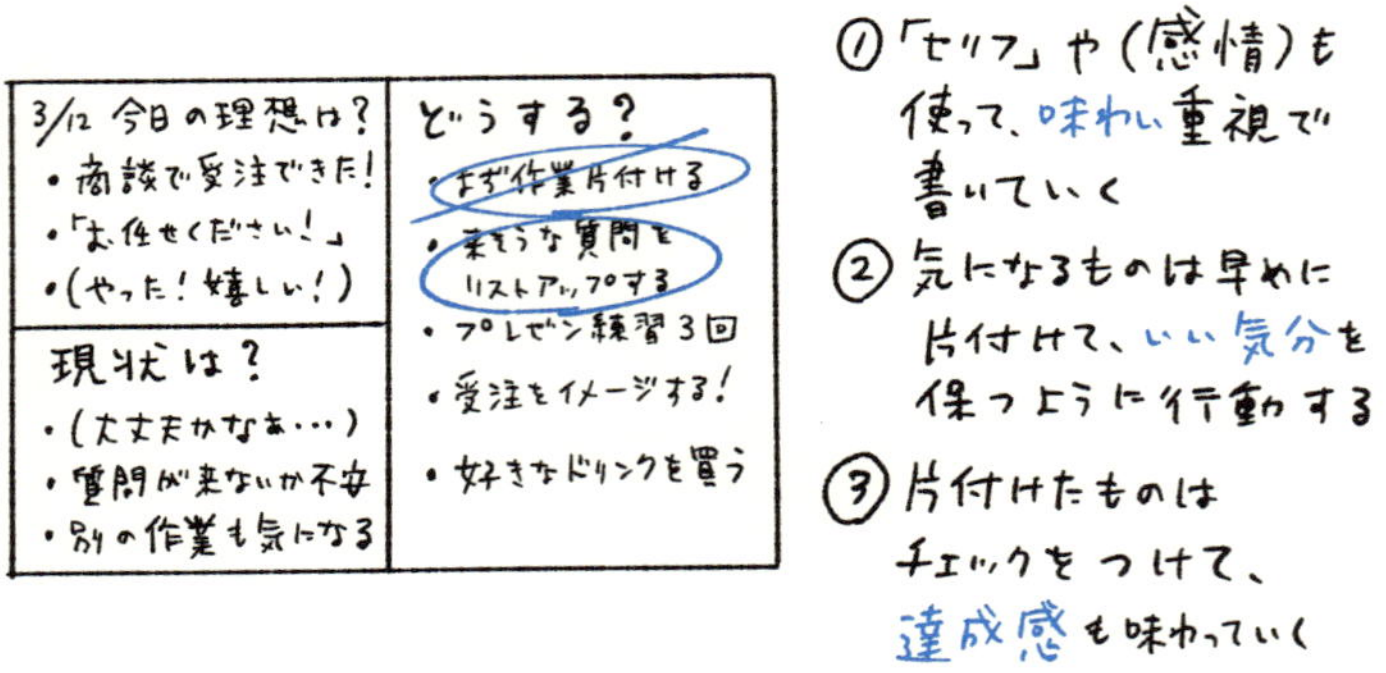
3/12 今日の理想は？
・商談で受注できた！
・「お任せください！」
・（やった！嬉しい！）
現状は？
・（大丈夫かなあ…）
・質問が来ないか不安
・別の作業も気になる
どうする？
・まず作業片付ける
・来そうな質問をリストアップする
・プレゼン練習3回
・受注をイメージする！
・好きなドリンクを買う
①「セリフ」や（感情）も使って、味わい重視で書いていく
②気になるものは早めに片付けて、いい気分を保つように行動する
③片付けたものはチェックをつけて、達成感も味わっていく

達成が増えていく1枚を客観的に見る。

これのくり返し。

その毎日を過ごせば、「今日もできなかった」「やっぱりダメだ」などと「自分にガッカリ」してしまうことがなくなり、「自分にもできる」「自分で決められる」という**自己肯定感・自己効力感・自己決定感**が増えていきます。

「部下に比べて、自分は劣っているんじゃないか……」

と、自分と他人を比較しながら、気にしていたというKさんも、「ACT1枚」を日々書くことで、自分の達成にフォーカスが集まり「自分もできるんじゃないか?」「今、できることをやろう」と、人の目を気にせず、自信を持って仕事ができるようになったそうです。

ここでのコツは、達成したものは、ガッツリ・ビシッ！　とチェックを入れて、「**よっしゃあ〜!!」と達成感を味わう**ことです。

「できた！」を感情とともに味わえることで、さらなるひらめきや、行動の原動力も生まれてきます。

大きくこんな効果がありますが、個人個人の効果は、まだまだ、枚挙にいとまがありません。

１日の最初に「ＡＣＴ１枚」書くことをおすすめしているのですが、それは、**毎日のはじめに「今日の理想」を味わうことができるからです**。これまでは、「つらいもの・苦しいことを、我慢してやりぬいていけた人だけが、最高の達成感を得られる」というような価値観が多かったと思います。

しかし、気持ちが疲れはててしまいます。**達成感は、最初に味わってしまいましょう。**

毎朝、「今日はこうなったら最高だなあ」「ああ、これができたら、こんなに嬉しいなあ！」と、最高の気分を味わい、そのままの気分で仕事に取り組む。

そうすることで、いい気持ちのまま、〝理想の自分〟として仕事ができて、仕事も楽しくなっていきます。

実際に、「いい気分でいるとアイデアも出やすい」という研究結果もあるので、仕事の質も上がり、生産性が上がっていきます。

「毎日書くのは大変そう……」と思っている方も、そんな「理想の自分でいられる」素晴らしい効果があるなら、毎日の「たった5分」を使う価値があると思いませんか？「理想の自分」にワクワクしながら、まずは1枚、書いてみてください。

第4章

ステップ3

ふり返る

なぜふり返りをするのか？

この「ふり返り」でやることは、**「〝データ〟から学び、次の理想への原動力を生み出す**」ということです。

「アイデア」で〝わからないもの〟への可能性を感じ、「実験」で〝わからない〟へと飛び出しました。

この〝わからない〟領域のものを、少しずつ自分の中に取り込み、それをくり返していくことで、自分の〝器〟が次第に大きくなっていきます。

そして、実験（＝行動）で得られた結果、〝データ〟をもとに学び、新しい次の理想を生み出します。

データによって、次の理想が浮かぶなら、それは何が起きても「いい結果」と呼べるでしょう。

もし「何が起こっても、いい結果につながる」ということがわかっていれば、次も軽やかに行動できると思いませんか？

さらに、それが理屈のうえだけではなく、心からそう信じていたり、「良くなると知っている」レベルにまで確信していれば、なおさらです。

心・体の潜在意識が、どんどん良くなる自分に向けて舵《かじ》を切ってくれます。

そんな「何をやっても、なんとかなる」ような自分を作っていくためにも、ふり返り上手になっていきましょう！

ふり返りの実践

さて、実際にふり返りをしていきましょう。

実験……アイデアを行動に移してみたり、試作品を作ってみたり、時には思考実験だけだったり……をしてみて、結果、どうだったのか。

これを、言葉にしてみます。

「次はこうしてみよう」が浮かべばそれでいいので、結果を言葉にするだけでほとんど終わってしまうこともあるのですが、ここでは、ヘンに失敗をとらえて落ち込んでしまわないよう、**客観的なふり返り**についてお伝えします。

「できた事実」を確認する

まずは、自分ができたことを淡々とふり返っていきましょう。
実験によって「できた」ことを、つらつらと紙に書き出していきます。

やりがちなのは、ざっくり「〝できなかった〟とふり返る」ことです。
たとえば、山登りをして、7合目で断念し、引き返したとしましょう。
そのとき、やりがちなのは「登れなかった……」というふり返りです。
そうではなく、**「できた」こと**を認めていきます。
この場合は「山に7合目まで登った」というのがふり返りです。

また、**「登ろうとした」という意欲**も認めていきましょう。
すると、けっこう「できたこと」は多くなります。

ただざっくりと「山に登れなかった……」と思うのではなく、「7合目まで登れた」「いい判断ができた」「準備も楽しかった」「けっこういい景色だった」「このトレーニングが必要そうだ」「山に対する学びも深まった」というようにとらえ直します。

減点方式ではなく、加点方式で「できた」を積み上げる。

「できた」「やった」「やろうとした」ことは何か？　とふり返ると、意外とやってきたことはたくさん見つかります。

慣れたらどんどん出せるようにもなるので、まずは3つ「できた」を見つけるつもりで、ふり返りに取り組んでみてください。

理想は下げていい。
「等身大の理想」を創り続ける

そして、「できた」ことよりも、「できなかった」を感じる場合。

理想は、下げてOKです。

何かをやってみて、ふり返りで「できなかった」と感じたならば、「じゃあ、何ならできるか？」と、自分に合わせて、遠慮なく理想を下げていきましょう。

「高い夢を持たなきゃダメじゃないんですか？」

という声もあると思いますが、その高い夢で、自分の気分を悪くしてしまっていては、本末転倒です。

夢って、人生を豊かにするために持つものですよね。

「夢を持て」と言われて、持って、「できない」と落ち込む……これでは、何をしたいのかわかりません。

気分を下げる夢、〝やりたいこと〟なら、ないほうがよっぽどマシです。

あくまでも、**今の自分が目指せる「等身大の理想」**を描くことを忘れないでください。

その理想に「できそう！」「面白そう！」と心が躍ってはじめて、そちらに向かうことができます。

「少年よ、大志を抱け！」
ただし、気分のいいときに

「理想を下げるのは抵抗があります……」という方は、「高みを目指そう！　上へ！　上へ！」「少年よ、大志を抱け！」……などと〝教わってきた〟から、なんだか「できない」自分を責めているだけです。

高い目標を掲げ、それを維持し続けるには、エネルギーがいります。

そのエネルギーは、どうやって作るか？

小さな理想を達成し続けることです。

小さな理想を転がし、できた、できた、できた！　またできた!!……とくり返していくことで、自分も乗っていきますし、理想実現のスピードも上がっていきます。

実業家の「斎藤《さいとう》一人《ひとり》」さんは、このことを「**加速の法則**」とおっしゃっています。

物事は、いきなり大きく進めるのではなく、まずは小さく転がすことで、次第に加速していく。大きなことを1つやるよりも、小さく分けて実践するほうが、ミスが減るという利点もあります。

そうやって、「なんだかいけるかも！」と思ったときに、ようやく「大志を抱く」ようにすればいい。

たとえば先ほどの「登れなかった……」という気持ちは、細かい理想を達成したうえでのいい気分ならば「今度こそは登るぞ！　どうせならもっと高い山を！」という新しい理想の芽生えになるかもしれません。

「**気分がいいときのほうが、アイデアが出やすい**」という研究もありますから、まずは小さな達成を積み上げ、〝ふり返り〟でいい声がけをして、自分の気分を少しずつでも上げていってみてください。

あらゆる体験から学ぶ

ここまでで、新しい理想が生まれたらそれでもOKです。

次のサイクルへと回していけばいいでしょう。

ただ、事実に注目するだけでなく、潜在意識に関わる心・体のところまで注目していくことで、学びが増え、次のアイデアも出やすくなっていきます。

コスパ・タイパを超えた「体験値」を得る

現代ではコスパ（コスト・パフォーマンス）やタイパ（タイム・パフォーマンス）という言葉も生まれており、「効率的に生きる」ことが重要視されているように思います。

しかしその際、「かけたコスト」のほうに重きが置かれすぎています。

第3章で見た「生産性の傾きを増やす」、つまり「得られた価値を増やす」という視点が軽視されていないでしょうか。

時間あたりの価値（＝変化）には、ただ得られた情報だけでなく、その時間で得られた感情や、さらに思考ではまだ理解できていない体感なども含まれます。

コスパ・タイパに限らない「**体験値**」を得ていくのも、この「ふり返り」では重要なポイントです。

「失敗した」「うまくいかなかった」「ムダな時間を過ごした」とだけふり返ったら、その時間の価値は〝ゼロ〟になりますが、「こんないい体験をできた」と感謝できたら、時間の価値を〝増やす〟ことができます。

ふり返りによって、時間あたりの「体験値」「価値＝変化」を増やすことができる。

時間の価値は、ふり返りで増やせる。しかもこのふり返りは、どこまでも遡《さかのぼ》って行うことができます。

過去のどんな体験も、価値あるものに変えることができるということです。

このレベルでのふり返りができると、「ムダな時間だった」ということはなくなります。1分・1秒、毎分・毎秒、人生、毎瞬、すべてが「最高の経験だった」、ということに変わっていきます。

そのためにも、**「実験＝行動」のときに、没頭して心で・体で味わうことが重要**です。

たとえば今は、ドラマや映画など、動画は倍速で見る世の中です。

ストーリーを追うだけならそちらがいいかもしれません。

ただそこで、少し時間をゆっくりにして、その人の感情・感覚まで深く味わってみる。するると、登場人物の感情の起伏や、細かい対応の感覚など、言葉では表現されないところも〝体験値〟として得られて、仕事に活かすことができたりします。

そうなったら「**時間はかかったけど、最終的にこっちのほうがコスパがよかった**」と言えますよね。

5％の思考だけでなく、残り95％の心・体まで味わえたら、20倍のインプット量になりますから。

そのためにも、心・体に注目し、感受性、「味わい力」を磨く必要があります。

ちょっとした体験から、たくさんの学びや変化を引き出せるよう、「味わい上手」になってみてください。

「できる化」で、体験を経験に変え、充実した毎日を生きる

ふり返りで得た学びは、あらためて言語化しておくと、次のサイクルへと活かしていくことができます。

このまとめ方として、おすすめの方法があります。

第3章で紹介した「〇のとき、△すれば、□できる」に、当てはめて、得られた気づきを〝できる化〟し、学びを〝レシピ〟に変えておくことです。

経営コンサルタントの小《お》田《だ》真嘉《まさよし》さんは、「**体験を経験に変える**」と表現されています。

図14　知識を「できる化」する方法

○月○日 学び	○いつ	△どうする	□どうなる
レシピ化	本を読んだら	○△□にまとめる	実践できて深く身につく
実験	心が動いたら	すぐに行動にうつしてみる	気軽に行動できて前に進める

一度した**〝体験値〟をそのままにせず、次に活かせるように「経験知」として身につけておく**、ということです。

そのために、次のような紙を用意しておくのをおすすめしています。

枠を書き、「○いつ／△どうする／□どうなる」の欄を書いておく。

学んだことを左端に書き、その〝できる化〟を、空いた欄に書いていきます。

ここに当てはめながら本を読んだり、セミナーを受講する。

終わった頃には、立派な〝アクションリ

スト〟ができあがります。

知識を「できる化」して、実践できるようにして学ぶことで、本やセミナーの価値が上がり、いわゆるコスパ・タイパも上がります。

受講生の方の中には「一度書いたら、定着するまで何度も読み返しています」という方もいます。

時間当たりの価値を高めるためにも、ぜひこの1枚を書いてみてください。

深い学びは持ち越せる

そしてこの「ふり返り」は、仕事での実践や、本・セミナーからの学びだけでなく、ゲームや遊び・旅行といった、**日常のどんな体験からでも、学びを生み出すことができます。**

僕の例を紹介します。

ビジネスにおいては、「仕事していない時間」「勉強していない時間」は、〝ムダな時間〟

ととらえられます。

しかし、僕は息抜きにやったゲーム・ドラマなどで、とても大切な学びを得ました。

ゲーム「ゼルダの伝説」では、登場人物の深い〝犠牲〟から、「覚悟とは、こういうことなんだ」と、〝覚悟の感覚〟を学べました。

ドラマ「ＶＩＶＡＮＴ」では、世界を股《また》にかけた映像スペクタクルに「世界で仕事をするとは、こんな気持ちなんだ」と、「世界へ飛び出す感情」を学べました。

どちらも、「ただ、今の仕事をする」だったり、「カタい研修に参加する」だけでは、決して得られなかった「感情・感覚」だったと思っています。

こうやって、**心や体で味わった「感情・感覚」といったものは、いろんな分野に〝持ち越す〟ことができます。**

遊びをしていても仕事に活かせて、仕事が遊びのように楽しくなる、そんな毎日を送ることができるようになります。


他にも「引退したプロ野球選手」の例をあげます。

スポーツ選手のセカンドライフ、長く続けてきたことから離れると「俺から野球を取ったら何も残らない」のように考えてしまうこともあると思います。人生の多くの時間をかけた〝実験〟の結果が、「何も残らなかった」では、あまりにも残念ですよね。

しかし、本当にそうでしょうか？

たとえば、「大一番で、打席に立つときのマインド」「投手（相手）を圧倒する感覚」といったものは、どんな分野にでも活かせます。そのマインド・感覚で仕事をすれば、**この経験がない人と比べてまた違う価値を出すことができる**はずです。

このように、深く心・体まで踏み込んで学びを抽出することで、その経験を持ち越せるようになります。

あらゆる行動が学びになり、他の場所へ活かせるようになるので**「どんな場所でも、自分の価値を発揮できる」**ことにもつながります。

この「学びの抽出」は、過去を遡って行うこともできますので、時間を取れるときに、過去の体験を思い出して味わい、「この体験で学んだことは？」と、自分に問いかけてみてください。

反省しないで、「いい気分」を守り抜く

この「ふり返り」のポイントは、**「いい気分でいる」**ということです。

いい気分でいれば、次への原動力も生まれてくる。

そのためには、「反省しない」と思っておくといいかもしれません。

特にふり返りをするようなマジメな人ほど、「できない」自分を反省し、わざわざ自分の気分を損ねてしまいます。

「反省」にもいろんな言葉の意味がありますが、「いい気分でいる」ことを、必須の条件とされてみてください。

ポジティブ思考の落とし穴

「いい気分でいよう」と聞くと、「なるほど、ポジティブシンキングですね」となりそうですが、実は少し違います。

常に「ポジティブでいなきゃ！」と思うと、これ自体がもう〝キツい〟感じがしますよね。「ポジティブでいなきゃ！（本当は、悲しい気持ちなのに……）」と、思考と心にギャップが起きて、やり続けることが苦しくなってしまう。

他にも「怒ってはいけない」「マイナスの言葉を言ってはいけない」なども、よく学ばれている方ほど起こりやすい現象です。

しかし、そうではなく、プラスを感じる状態を増やしつつ、基本は**「心がやりたいようにさせる」**ことが大事です。

まず、自分の感情に寄り添ってあげる。自分の心に、感情が湧いたことは、〝ホントウ〟ですよね？　これを否定せず、認めていきます。

たとえば、落ち込みたいときは、しっかり落ち込んであげたほうが、心にとっては嬉しかったりします。

ビジネスにおける〝メンタル回復力〟を扱うスキル「レジリエンス」においても、**まずは気持ちを「底打ちさせる」**ということが言われています。「落ち込んじゃいけない……！」と抗《あらが》っているときよりも、しっかり落ち込んだほうが気持ちがいい。

また、怒りたいときには、抑えずに、怒る。

「え？　怒ってしまったら、ダメじゃないですか？」

と思う方は、それを、**人にぶつけなければＯＫ**です。

たとえばトイレに行って吐き出したり、海に向かって叫んだり、ノートに気持ちを書きなぐったり。

人にぶつけずに、怒りの感情を消化する方法はあります。

いい気分でいる、ということの本質は、「自分の気持に寄り添ってあげること」だとご理解ください。

自分のことを、自分がわかってあげることが、一番自分の「いい気分」です。

「Yes, But法」で、自分の感情に寄り添う

「でも、マイナスの気分になるのは、少し気が引けます……」という方には、『大谷翔平の成信力《せいしんりょく》』で紹介されていた「**Yes, But 法**」をおすすめします。

実践は2つのステップです。

ステップ①：まず、自分の感情を認めてあげる。

「そうだよね、あの言い方はよくなかったよね」

イエス、確かにそうだね、と、起こった感情を認めてあげます。

ステップ②：そして、次の代替案を出す。

「でも、次会ったときはこう伝えよう」

バット、だけど、次はこうしよう、と、代替案を出していきます。

まずは認めて、次につなげる。この「Yes, But」の流れを身につけるだけでも、ふり返りの質が充実します。

「これまで、ポジティブでいなきゃ、と、後ろめたい思いにフタをしていたのが、なんとなく気持ち悪く、罪悪感でした」と言っていたOさん。

この方法を始めてから「思う存分ふり返れる！」ようになり、同じ過ちを犯すことが減り、仕事の質も上がっていったそうです。

より良くできるポイントは、**Butでの代替案も「できる化」して、実際にその場の臨場感を感じながら追体験する**ことです。

もう一度同じような状況が起こったと思って、そのときにきっちり対応ができるようにします。要は、イメージトレーニングのようなものです。

この追体験がうまくなると、**他の人のミスなども、「自分ごと」としてとらえて成長する**ことができます。

たとえば、「トイレにスマホを落とす人」。

これは、他人が落としたときに「あ〜、やっちゃったのね」と、外側から眺めて「自分はやらない」と油断しているからです。

ここでもし、「自分も落とすかもしれない……気をつけよう」と思いなおし、〝落とさない自分〟をイメージトレーニングできていたら、人のミスを糧に成長できます。

なぜこの例を取り出したかというと、僕もこの認識が甘く、しっかりうっかり、トイレにスマホを落としてしまったからです。

この僕の体験をムダにせぬよう、あなたのスマホをお守りくださいませ。

「エリア51」で、ゆるプラスな毎日を過ごす

こうやって、「いい気分を保つ」の解像度が少しずつ上がってきたと思います。

ちなみにもし、マイナスな気分や、「ポジティブでいなきゃ」という〝隠れマイナス〟な気分を味わい続けていたら、どうなるのか？

これは「共振・共鳴の法則」……**「感情は、時間をおいてくり返す」**という法則があります。

自己啓発的な法則・心の現象であり、科学的な論証こそないですが、以下の例もあわせて日常で確かめてみてください。

たとえば「怒り」の感情についてみてみましょう。

一度、怒るのをガマンすると、もう一度、同じように怒りたくなる状況が再現されます（怒るのはよくないと学んだ方ほど特にありがちです）。

そして、それが積もり積もって、いつかは爆発してしまう……。

そして、無理なポジティブシンキングが苦しくなってしまうのも、この「共振・共鳴の法則」で解釈できます。

「ポジティブでいよう！」と言っているウラで「本当はこんなネガティブな感情なのに……」と思っているところがある。

この〝隠れマイナス〟な思考が共振・共鳴して、また同じように「ポジティブだ！（ホントは苦しいのに……）」の状況がくり返されてしまうということです。

つまり、**今、マイナスの気分でいると、それと同じような気分がまた、時間をおいてくり返します**。

それだけならまだしも、マイナスがマイナスを呼び、さらにマイナスになっていく……という、ある意味、気分はいわゆる「複利」のように、雪だるま式に増えていく傾向があるのです。

「これは、大変だ！　やっぱりポジティブにならなきゃ！」と思った方。また、気分は隠れマイナスになっていませんか……？

これは、どうすればいいのか？

答えは、「**51％**」です。

1日のうち、イヤな気分が49％あったとしても、**51％がプラスの気分なら、「複利」によって、プラスの気分がより増幅していきます。**

だから、どんなに落ち込んだときも、しっかり味わいきって、そこで断ち切り、プラスの気分でいる時間を増やす。

51％のプラスの気分を守り抜く。

「エリア51」と呼んでいます。

「全部プラスでなくても、半分以上だったらいい」と思うと、けっこう皆さん〝ホッ〟とされます。

ポジティブをやり切るのはなかなか大変ですから、僕ら凡人は、まずは半分を目指しましょう。

これだけで、いい気分が次第に増えていき、新しいひらめきや行動へとつながっていきます。

自分の最大の味方は自分自身

ふり返りでは、「いい気分でいる」ことが大事とお伝えしました。

それでもなかなか自分を褒められず、反省してしまう、という方は、**心の中に〝執事〟を雇う方法**があります。

ちょっと想像してみてほしいのですが、あなたが何かに失敗して「ああ……ダメだ……」みたいなときに、隣で誰かに、「ほら！　またやった！　だからお前はダメなんだ！」みたいなことをガンガン言われたら、「ちょ、ちょっと！　やめてよお〜!!」ってなりますよね。

でも、多くの人は自分に対してそれをしちゃうんです。

「失敗した」↓「やっぱり！　どうせお前にはムリなんだ！」
「夢がない」↓「ダメだ！　みんな夢を持ってるんだ！」
「やりたいことがない」↓「なんでだ！　やりたいことで生きる時代だろ！」

――なんて言いながら。

そこで、その「攻撃してくる心の声」を、〝執事〟に変えてみたらどうでしょうか。
あなたが失敗したときも――

「まあまあ、まずはお茶でも飲んで。ゆっくりリラックスしましょうか」
「あなたはホントはスゴいんですから。今そう思えないなら、想像もできないくらいスゴいってことです」
「なんなら、寝てもいいんですよ？」

――そんなふうに声をかけてもらえたら、嬉しくないですか？

だったら、**〝じぶん執事〟として、自分にこの言葉をかけてあげる。**それだけでも、自分の気持ちは休まります。

自分の最大の味方は自分自身です。

他人が、社会が、世界があなたに何と言おうと、あなた自身に対してだけは、優しい声かけをしてあげてください。

第5章

日常生活における超デザイン思考の活用事例

日々のサイクルと「ふり返り」で自信がつく！

さあ、やっていくことのすべてが明らかになりました。

最後に、実際に日常で「超デザイン思考」の「アイデア↓実験↓ふり返り」のサイクルを回していくとどうなるのか、実際にやってみた人の事例を紹介して、皆さまの実践のヒントを解説させていただきます。

事例1　日々の仕事で達成感を得られていなかったYさんとOさん

Yさんは、毎日、仕事が終わらず、進んでいる実感がなく、無限にも思える仕事がある日々に辟易《へきえき》していました。

そこで「ACT1枚」を書き、3つのサイクルを回すことにしてみました。

①**アイデア：**まず毎朝、少し自分を超えた「今日はここまで仕事が終わっている！」理想の気分をしっかり味わいます。

②**実験：**書き出した〝やることリスト〟の中から、「この状況なら、今はこれに取り組んでみよう」と、できそうなことに赤マルをつけ、取り組んでいきます。

③**ふり返り：**そして、終わったものにはチェックして、「できた！」という気分を味わいます。

「『ACT1枚』を書くことで、時間の充実度が上がる感じがします」と話すYさんは、毎日、1枚書いていくことで、メンタルが安定したと語ります。

漠然と取り組むのではなく、「今からは、これをやる」と決めて、没頭して実行する習慣がつきました。

副次的な効果として、これまでは自分だけで仕事していたようなことも、気軽に周りの方と進められるようになり、自然と〝仲間〟と呼べる間柄が増えていったのですが、それも「やらなきゃ！」と思うのではなく、自然と行動が起こるようになったそう。

僕が面白いと思ったのは、「〝やることリスト〟が残っているときはどういう気分なんですか？」という質問にお答えいただいたときです。

「確かに、毎回全部できるわけではありませんが、赤マルをつけてから取り組むので、赤マルがついたものには必ずチェックがついているんですよ。これを見て『実質１００％達成だ！　スゴいね！』と自分に声をかけています」

――という回答を聞いて、こりゃあメンタルも安定するなあ、と思いました。

Ｙさんと同様に、終わらない仕事を休日まで引きずり、家族との時間もモヤモヤしたままだったＯさん。「超デザイン思考」を知ってからは、日々の「やることリスト」を設定するときに、**〝半分以上は終わりそうなように〟**リストを作っているそうです。

そうすることで、1日の終わりにリストを見返すと「51％以上達成されている」ようになります。

つまり、ふり返りのパートで紹介した**「エリア51」が、明らかに達成されている様子を客観的に見られることになり、毎日を「いい気分」で終えられるようになった**そうです。

「いい気分」で仕事を終えられるようになってからは、仕事量は増えたけれども、休日までそれを持ち越さず、家族との時間も楽しめるように。

任されることも増え、昇進・昇給にまでつながり、今は「いち会社員の枠を超えて、自分のやってきたことを残してみたい」と、新たなアイデアをもとに行動し、電子書籍の出版まで実現されました。

このお2人の例を見て「普通のタスク管理とどう違うの?」と思われた方は、ぜひ、「感情面」に着目してみてください。

お2人とも、自分が楽しくいられるように、「できない」ことは無理をせず、「できる」

というラインを自分で決めて、日々のお仕事をこなしています。

「できる」をやる。

「できない」をやらない。

このように、**「自分で決めて、達成する」毎日を送れることが、いい気分につながり、自然な行動力を生み出していきます。**

先の「どうせできない」よりも、今の「やってみたい」

事例2 日々のタスクに追われ仕事を楽しめなかったAさん

「YouTuber」をされていたAさんは、日々の更新に追われていました。
状況を打開しようと新しいことを学んでも、「教わったけど、師匠のほうができるしなあ」と、なかなか行動につながらなかったそうです。

ところが、「超デザイン思考」のサイクルを回してからは、楽しみながら日々の活動が増えていったそうです。

何かをやるには**「つらい努力を頑張らないといけない」**と思っていたものが、**「楽しい**

ことを実践していければいいんだ」というメンタルに変わったとのこと。

「どうやって変わったのですか？」と聞いてみたところ、とにかく、**いろんなタイミングで「理想を味わう」クセ**をつけたのが良かったそうです。

たとえば——

①まずは毎朝「ACT1枚」を書き、「理想を立て、実践して、ふり返る」という時間を取るようにした。

②そして、ミーティング前にも「このミーティングの理想は？」と、理想を設定、味わってから臨む。

③新しいプロジェクトが始まる際にも、ACT1枚を書いて理想を定め、少し先の未来の成功を味わう。

——というように「1日」「1時間」「1ヶ月」など、いろんなスパンでの理想を立てて進める。それが達成できた気持ちで過ごす楽しさが、日々積み上がっていったそうです。

よく「10年先のゴールを描こう！　そこから逆算しよう！」のように、長い間隔で理想を立てることはよく言われますが、こうやって**細かく何度も理想を立てて、その達成をイメージする習慣**を持っている人は、少ないのではないでしょうか。


もちろん、理想を描いていただけで、すぐうまくいったわけではありません。

「超デザイン思考」のサイクルを回し始めてからのち、知り合いのYouTuber会社から「役員になりませんか？」と言われ入社しましたが、あまりの作業の多さに、心身ともにボロボロになり、辞めることにもなったそうです。


もし、従来の思考であれば、多少大変でも「このままで大丈夫か……？」「でも役員だしなあ……」と、未来を憂うばかりで、その仕事にしがみついていたかもしれません。

しかし、「超デザイン思考」の場合、誘われた会社に入ってみるという「実験」をしてみたけど、「自分にはもっと違う働き方がいい」とふり返ったのであれば、次の理想を立てればいい。

そこで、自分よりも稼いでいるYouTuberの方に「運営の裏側を見せていただいてもいいですか?」と声をかけてみたAさん。

実際に裏側を実感することで「なるほど、稼いでいる人はこんな感覚でやっているのか!」と、目が開かれる思いをしたそうです。

理想を味わい、次の活動に気合が入ったAさんですが、このときのことを「前だったら『こんなこと、自分が聞いてもいいのかな?』と、恥ずかしくて声をかけられなかったのに、気軽に質問できたことも、自分にとって大きな変化でした」と語ります。

いろんなスパンの理想を立てても「今の自分がどう感じるか?」にフォーカスして、目の前の〝実験〟をくり返していく。

何か新しいことをやるにも、とにかく「やらないと!」「頑張らなきゃ!」と考えていた思考が、「今、やりたいことをやろう」と、軽やかに行動できるように変化していったそうです。

そこからのＡさんは、ちょうど世に出てきたChatGPTを学び、お声がけいただいた新しいYouTube運営会社にディレクターとして参入。

今はChatGPTを活用しながらYouTubeチャンネルを運営して、さらに他のチャンネルのディレクターを受注、ＨＰ作成まで受注と、どんどんキャリアが広がっていきました。

「超デザイン思考」のサイクルでは、**「今、心が動く〝やってみたい〟」の理想に向けて、〝とりあえず実験〟のつもりで、気軽に行動を重ねていきます。**

Ａさんの事例では、そんな実験が自信を作っていった様子を見せていただきました。

視野が広がり、もうウズウズを止められない！

事例3

仕事で後輩に抜かれて苦悩していたSさん

Sさんは、事務職で働く女性の方です。

仕事を覚えるにつれ、営業さんから「ぜひお客様先に同席してよ！」と言われる機会が出てきましたが、「自分の職種のスキルを上げるべきだ」と思っていたSさんは「今は手持ちの作業がありますから」と言いながら、お断りを続けていました。

しかし、そんな折、後から入ってきた女性社員の方が、営業の方と関わるようになり、そのまま部署をまたぐような役職に就くことになりました。

Sさんからしたら、〝追い抜かれた〟状態。

周りからも「えっ？　Sさんじゃないの？」と言われ、はじめは自分でも「あの人は上司に取り入るのがうまかったからだ」「自分の方が知識もあるのに」と事態を受けとめられていませんでしたが、あらためてしっかりと自分の心に向き合ったところ「悔しい」という感情に気づいたそうです。

そこから、「このままではいけない！」と一念発起して、学びをスタートすることになりました。まさに**「負の感情」こそが、行動のキッカケになったケース**です。

Sさんは、僕のセミナーなどで「超デザイン思考」を学び、学んだことに「これを会社でもやってみたい！」と、社内でワークショップを企画しました。

部署の理想や、お互いのいいところについて、チームのみんなで「ACT1枚」をベースに書き出していくワークをしてみました。

結果は大成功。メンバーどうしいいところを褒め合うことで、お互いの理解が深まり、

「自信がついた！」「信頼感が上がった！」と好評でした。

それまでは「自分の仕事ができていればいい」と思っていたSさんでしたが「今の仕事以外でも、こんなに貢献できることがあるんだ！」と、視野が広がったそうです。

以前はあまり自ら行動を起こすこともなかったそうですが、「他の分野で、自分にできることを試してみたい」と新しい理想が生まれ、「転職してみよう」という〝実験〟に踏み切ることにしました。

すると面白いことに、ちょうど僕のコミュニティで知り合った方から、いい転職アドバイザーの方を紹介していただき、その方のおかげもあり、転職に成功されました。

面接では、違う分野での仕事になりましたが、これまでの仕事をふり返り、自分の経験を「自分にはこれができる」と丁寧に伝えたことで、やってみてほしい、ということになりました。

ポイントを3つあげるとしたら、1つは、まず**自分の感情に寄り添ったこと**。

超のつかない「デザイン思考」でも、理想を作るために、お客様となるユーザーに共感することから始めていきます。

しかし、人のことをあれこれ考えることはあっても、「自分が本当にどう思っているのか？」と、自分と向き合うのは、なかなか大変かもしれません。

「超デザイン思考」では、**自分の感情に寄り添ってみて、心の動きを元に行動をデザイン**していきます。

そして2つ目が、**行動のきっかけ**です。

あまり行動派でなかったSさんも、心が動き始めてからは、まさに第1章で書いたように「**行動できる人は、自分のアイデアを確かめたいだけ**」でした。

「学んだことを、みんなでやったらどうなるかな？」「自分にも、他の可能性があるのかな？」といった、ちょっとした好奇心を育てて、「試してみたい」と思った結果、実験という行動は自然に起きていくものですね。

最後、３つ目は、**別のキャリアへの踏み出し方**です。

これまでとは違うことへ飛び込むときは、これまでの「ふり返り」をもとに、自分の「できる」を伝えていきました。

つまり「やりたい」が行動のきっかけではありますが、「できる」の発信がこれを実現しました。仕事は、自分の「やりたい」だけでなく、相手に選んでいただく必要があるからです。

「やりたいことで、生きていく」という言葉が前に立つ現代ですが、キャリアにおいては『やりたい』よりも『できる』の発信」が、道を開いていく事例を見せていただきました。

理想の実現を支えてくれたのは、過去の自分

事例4　新メンバーの登場により職場での居心地が悪くなってしまったKさん

Sさんと同様に、「負の感情」から理想をつかんでいった方を紹介します。

Kさんは、チームで仕事をする不安を抱えていました。

チームに新しく入ってきた方は、とても「デキる」ものの、自分で仕事を進めてしまうことが多く、そのために、チーム内に不和が生まれることがあったのです。

ワーク・ライフ・バランスでみても、急な呼び出しが多い仕事で、自分には合わないと

感じ始めており「自分はもっと腰を据えた活動がしたい」と思っていたKさん。
ご自身のキャリアの分岐点と感じて「この仕事を、この部署でずっと続けてもいいのだろうか?」と悩むことになりました。

そこで、超デザイン思考を実践し、自分の感情を味わってみました。

「もし、このまま、この部署で働き続けたら?」
「この先やっていくなら、どんなことがしたいか?」

感情を味わうときは、今から少し〝期間を延ばす〟のがコツです。

今、少しイヤなことは「もし、これがずっと続いたら?」
少しでも楽しいことは「もし、これをずっとできたなら?」

ちょっとの気持ちが臨場感を持って増幅され、強い感情へとつながり、心が動く理想が生まれていきます。こうして今の自分と向き合った結果――

「この部署では、もうできることはやり終わった」
「〝今はない〟ものをつくる、研究開発のような仕事がしたい！」

――と、新しい理想が立っていきました。

そんな折、グループ社内での転職制度ができ、ちょうど募集をしている部署を見つけました。「ここで働いてみたらどうか？」と思い、さっそく応募（実験）してみたKさん。

さらに「ここで働いたらどうなるのか？」を味わうべく、働いている方に直接ＤＭを送り、ざっくばらんにお話を聞き、実際の仕事で使ったスライドなども、できる範囲で見せていただいたそうです。

それまでは「ここで働いて、できることはあるのか？」という不安があったそうですが、自分が仕事をするときのイメージが段々とできてきました。

こうやって「実験して、少しでも理想を体験してみる」と考えると「実際に話を聞いてみよう」「資料も見せてもらおう」などと、転職などといった難しく感じるようなことに対しても、自分にできることが見つかってきます。

「少しでも理想に近づいている」という実感は、実際に現実を動かしてくれます。

実際に味わったイメージを元にKさんは、面接に向けて自分のやってきたことをふり返り、「できる化」して言語化していきました。

「自分にはこんなスキルがあります」
「こういうことがあったら、自分はこんな仕事ができます」

——と、実際の面接でも伝えたところ、無事合格。転職することになりました。

ただ、「自分の理想の仕事ができる！」と思った反面、「本当に大丈夫だろうか？」という不安もよぎりました。

しかし、その不安な気持ちを支えてくれたのが、過去の自分です。

これまで数年間、毎日「ACT1枚」を書きながら、日々の「できた」が積み重なっていたため、「どんな場所でも、できることはある」と思えるようになりました。

過去の何百にも及ぶ数の「できた」がKさんの背中を押してくれました。

今では、新しい研究開発の仕事を楽しんでいるKさん。

新製品の開発や、それが社会にどう貢献できるかという「ビジョンメイキング」にも携わるようになり、まさに「自分の仕事と社会の理想」を、楽しみながら考える日々を過ごされています。

「心が動く理想を立てる」「理想を描いたら、実験してみる」そして、その実験を支えてくれるのは、日々「ふり返りで〝できた〟を積み上げる」ことだと、Kさんは教えてくださいました。

「自分の枠」を超えた理想の実現へ

事例5

新天地でいきなり困難に直面したMさん

最後に、転職先で奮闘しているMさんという女性を紹介します。

Mさんが転職して始めた仕事は、インサイドセールス。電話をかけて、アポを取っていく営業です。社内でも人気のない部署であり、前任リーダーが辞めさせられた直後ということで、チームのみんながギスギスしていたそうです。

新しい人だからといって手厚いサポートもなく、自分の仕事で成果を上げることに躍起になっている人たちばかりの職場でした。

「大変なところに来てしまったかも」と不安になりましたが、「それはちょっと」と引っかかることがあっても、まずは否定せずに受け取っていくことにしました。第2章で書いた**「自分の枠」との向き合い方**です。

数日間、様子を見ていると、社員さんやパートさん、みんなそれぞれ「こうしたらい い」という想いはなんとなく揃っているけれど、そのやり方が違うことで、ぶつかり合いが生まれていることに気づきました。

自分の仕事をやりつつ、わからないところはシンプルに質問していきながら、その背景も聞くことで、メンバーそれぞれの想いがわかるようになってきたそうです。

そこで、だんだんと「チーム的にはこうしたいと思うのですが、どうですか?」「このやり方だと、こう感じる方もいるかもしれませんね」など、具体的なやり方を変えるように指摘するよりも、理想をベースにコミュニケーションを取っていきました。

「自分の枠」を超えた「チームの理想」の視点からのフィードバックは、メンバー同士

「なるほど、こういう見方もありますね」という自発的な気づきにもつながり、段々とメンバーの行動が変わっていったそうです。

そんなことを続けて2〜3ヶ月経ったころ、「今度、チームのみんなが見えていないところを話してくれないか？」と上長からお話があったそうです。

そこで、ここまでの経験を元に、「こんなふうに働きたい」という想いを込めた理想として「機会創出できる、自走できるチーム」と自分の言葉で理想を掲げ、チームのみんなに伝えてみることにしました。

その結果、社員の方は、「あんなことを考えていたんですね！」「そうなっていきたいです！」と、好印象を持って接してくれるようになりました。

一方、アルバイトの方は「ぽか〜ん」という反応が多かったそうです。

社員の方は、全体での「方針会議」など、抽象的な会社の理想に触れる機会もあったため、理解を示してくれたそうですが、「この作業をやって」と頼まれているアルバイトの方には、掲げた理想がピンとこないところがあったようでした。

そこで、ふり返りとして「アルバイトの皆さんには、方針を語るよりも、具体的に実践できたほうがいい」と考え、まとまった場で発信するだけでなく、日々の業務でもあらためて言葉を変えて伝えるようにしてみました。

そうやって行動を重ねていった結果、「今度、役職会議にも参加してください」と、声をかけられ、昇進。

さらに、プライベートでも、異性からのお誘いが出てきたそうで「超デザイン思考は、モテますね」などと冗談交じりにふり返っていらっしゃいました。

「これまでだったら、考えすぎて行動できませんでした」と語るMさんですが、「伝わらなかった」と、ふり返りで悩みすぎず、やり方を変えてまた試してみる、まさに**「超デザイン思考」の姿勢があると、悩んでいる時間よりも、行動している時間のほうが多くなります。**

以前とは見違えるほど明るく、雰囲気も軽くなられた様子は、プライベートに好循環が起きたのもうなずけます。

「なぜ周りの人にも変化が伝わるくらいまで、行動できるのですか？」と尋ねたところ、Mさんの返答に僕は驚かされました。

「今の仕事が、本当にやりたいことかと言えば、違います。けれども、求められていることに応えていくほうが、周りの人や会社に貢献していける。だから自分ができることをやっていこう、と思ったんです」

好きな仕事・やりたい仕事じゃなくても、周りのために応えていくことが、自分のモチベーションになっている。

この本の、最初に出した絵を覚えていらっしゃいますか？　次ページに再掲します。

〝わかる〟枠の中から、〝わからない〟外へと飛び出していく図です。

“わかる”枠の中から、
“わからない”外へと飛び出す

まさに「自分の枠」を超えて、周りに貢献する喜びを実感し、新しい自分を発見されていった姿がここにあります。

「超デザイン思考」のサイクルを回す日々は、自分の枠を更新し、器を広げ続ける毎日です。

それもイヤイヤやるのではなく、**好奇心に従って実験し、楽しみながら驚きを発見する〝ワンダー〟な毎日**です。

僕がこれまでの人生で学んだ「わからない状況でも、一歩踏み出す」ためのコツは、すべてこの本に残しました。

「どうすればいいかわからない」と困ることがあったら、この本にまた戻ってきてみてください。

きっと、1つ質問をするだけですが。

そう、いろんな実践が大変だったら**「理想は？」と問うだけ**です。

自分の心に従って日々を生きるだけでも、あなたらしい、自由な人生が動き出します。

そして、一緒に新しい人生の旅へと進んでいきましょう。

この本が、あなたのワンダーな人生の、「旅のしおり」となることを、心の底から願っております。

それでは最後に、この質問で失礼します。

この本を読み終わった、今のあなたの理想は？

おわりに

最後までお読みいただき、ありがとうございます。

僕にはそもそも夢がありませんでした。その場の思いつきや好奇心で生きてきました。社会に出てからは、そのような生き方は「ダメだ」「目標がない人は自堕落だ」「夢がないのはかわいそう」と言われているように感じていました。

「自由に心のままに！」と言ってくれる本やセミナーもありましたが、「具体的に日々、何をしたらいいのか？」というのは、正直もやもやとはっきりせず、「自分は何をすればいいんだろうか？」と悩み続けてきた人生でした。

デザイン思考の登場は、僕のやってきたことをそのまま「いいよ！」と支えてくれているような感じがして、まさに「生きるため」に必要だったと感じています。

たとえば第3章の「実験」は僕が日々やっていることそのものでしたし、何度も人生の「ふり返り」をしてみても、あまりにもフラフラしているので、あるとき「定まらないことがテーマかもしれない」と、逆に志が定まりました。

この定まった志が何かというと、この「おわりに」の数ページ前に出てきた〝ワンダー〟という言葉です。

- **Wonder（不思議に思う／驚きや好奇心を感じる）**
- **Wander（うろうろ歩く／散歩する）**

このように、英語では2つの表記と意味を持ち、これを合わせて日々「ワンダーする」ことが、毎日を充実させてくれるのだと思うようになりました。

つまり、好奇心に従い、自分の好きなことに没頭して、新しい発見を得る学び方、生き方。

「みんながワンダーしている世界を創ること」が、僕の志です。

誰もが自然体で自分の人生を楽しみ、そして楽しむことが、結果的に周りのためにもなっているような世界です。

デザイン思考を使ったり、「ACT1枚」を書いたりして日々を過ごすと、毎日「ワンダーしている人生」になります。

この「ACT1枚」の着想も、「理想は？」と問う習慣、かつての職場「サイボウズ」での日々から生まれたものです。

あらゆることがつながって、この1冊ができたと思うと、「人生って不思議だなあ、ワンダーだなあ」と感じます。

ところで、そもそもあらゆるスキルは「生きるため」に手に入れるものです。それが、仕事のためだけ、と日常から切り離して考えるのは、ちょっともったいない気がしています。

本書は、商品開発から生まれた「デザイン思考」を、少し拡張・超解釈して、「日常に活かすには？」という視点から書いてみました。

すべての出来事・経験は個別に存在しているわけじゃない。
すべて今の自分へとつながる。
心の動きを頼りに「いっちょやってみっか」で気軽にトライしてみればいい。

あなたの持っているどんな要素も、これからの人生に活きてきます。
この本を元にあなたのスキルを活用してみる、あるいは、これからやりたいことに向けて気軽な「実験」を始めてみれば、あなたの歩んできた道がすべて「生きるための〇〇」として、あなたのこれからを支えてくれるはずです。

最後に、本書を世に出していただいた編集者さんをはじめ、制作関係者の皆さまに感謝いたします。ありがとうございます。

また、ここまでお読みいただいた読者のあなたに、最大の感謝を送ります。

ありがとうございます。

本書では書ききれなかった「生き方」や、具体的な「キャリア」に関する視点の講義を、読者特典という形でご提供します。

夢や、やりたいことが見つからない、ゴールの描きにくい時代においても、デザイン思考を使って「人生のテーマ」が紐解かれていくような内容になっておりますので、よければご参考になさってください。

あなたのワンダーな人生が拓《ひら》かれていくことを、心よりお祈り申し上げます。

2024年10月　渡辺 拓

【著者プロフィール】
渡辺拓（わたなべ・たく）
株式会社 Wonder Zero 代表取締役
夢を持てずに苦しんだ経験から、ゴールを描きにくい時代の「テーマ型」の生き方を提唱している。サイボウズ株式会社において週4勤務で3つの複業をするといった働き方を学び、独立、沖縄へ移住。デザイン思考を用いた自由なキャリア形成を支援している。
世界最大のオンライン学習プラットフォーム Udemy（ユーデミー）にて受講者13万人超。「スキルは学んだだけでは身につかない」という自身の体験を元にした「楽しく、わかりやすく、実践しやすい」講座や研修が好評。好奇心とともに「できる！」を味わえる「ワンダーな学び」の普及に尽力している。

生きるためのデザイン思考

2024年12月1日　　初版発行

著　者　渡辺　拓
発行者　太田　宏
発行所　フォレスト出版株式会社
〒162-0824 東京都新宿区揚場町2-18 白宝ビル7F
電話　03-5229-5750（営業）
　　　03-5229-5757（編集）
URL　http://www.forestpub.co.jp

印刷・製本　萩原印刷株式会社

ISBN978-4-86680-300-5　Printed in Japan